武士の娘だった祖母から教わった

女子の品格

Joshi-no Hinkaku

石川真理子

Ishikawa Mariko

致知出版社

序にかえて

真の品格は大和《だいわ》より発する

二〇二〇年、新型コロナウイルスの感染爆発をきっかけに、世界は一気に激変しました。かつてない規模の天変地異や経済崩壊も相まって、もはや世界中が暗雲に覆《おお》われてしまったかのようです。

私たちがすっかり馴染《なじ》んできた社会構造は、近い将来、根底から覆るかもしれません。それはもう目前に迫っていると感じます。

けれど、この世界のあり方に限界が見え始めたのは、もうずいぶん前のことではないでしょうか。にもかかわらず無理に無理を重ねてきたのが、この数十年だと私は受け止めています。大激変は起こるべくして起きたもので、今は新たな世界へ移行していくうえでの生みの苦しみの時期といえましょう。

私自身は、この「大いなる痛み」を超えた先には素晴らしい世界があると疑いもなく信じており、いろいろなことが生じはするものの、心の深いところでは希望を抱いている、といった状態です。そのせいでしょうか、不思議なくらい冷静に世界を俯瞰することができるのです。

すると、人も物も、その真価がはっきりと明るみに出てくるのがわかります。昔から非常時にこそ真価が問われると言い習わされたものですが、まさに、今、その状態です。この傾向はますます強くなっていくに違いありません。

武漢《ぶかん》における新型コロナウイルスのパンデミックの情報を得た際、「これから明暗を分けるのは徳《とく》」と直感しました。ウイルスという目には見えない存在が、人類がつくりあげた物質社会をいとも簡単に崩壊させていくのを目の当たりにしながら、その想いは強くなる一方です。

人の真価を決めるのは徳です。徳とは変わりようのない真理です。

真《まこと》の理《ことわり》とは、大自然・大宇宙の原理原則にも通じるものであり、「大いなる和＝大《だい》和《わ》」と言い換えることができます。この大宇宙は、陰陽紋が示しているように、相反《あいはん》するものが互いに向かい合い補い合うことによって限りない生成発展を繰り返しています。差別化し、排除する二元論《にげんろん》ではなく、違いを受け容《い》れ融合《ゆうごう》し調和する。それが大和であり、別の言葉で言うならば愛でしょう。

本書でお伝えする品格も、根底にあるのは大和です。「やまと」とも読む大和は、「大和心」という言葉を待つまでもなく、私たち日本人が何世代にもわたって継承してきた精神性であり民族のあり方です。そして、この世界的大混乱を打開していくのは、まさしく大和心なのです。

途方もない話に思われるかもしれません。

けれど、どんな時代であろうとも、とにもかくにも「和（平和、調和、融和）」を目指し努力してきたのが日本民族なのです。日本人に生まれたということは、それだけで世界に対する大きな役割を担っていると思えませんか？

私たちが大和心に目覚め、日本人としての品格を磨き、徳を高めていくことは、激動期を生き抜く力になり得るばかりか、その生き方やあり方が、おのずから世界に対して希望をもたらしていくはずです。

もっとも、この壮大な想いとは裏腹に、本書でとりあげる武士の娘の美学は、なんということのない日常生活の心がけから始まります。ともすれば「だから何？」といわれるような些末《さまつ》なことです。

けれど、どんなに些末なことでも、日々真心を込めて繰り返してこそ真の大和心が培われていくことを私は経験しています。ですから、やはりここからお伝えしていきたいのです。

すでにある宝に気づく。宝は磨いてこそ光る

日本人が大和心に目覚める必要があるのは、手にしている宝に気づいていない状態だからです。ここ何年かは、多くの人が民族の誇りに気づき目覚めつつあるのを感じますが、私は、「こんなものではない」と思っています。

とはいえ本書を手にしてくださったということは、もうきっと目覚めているにちがいありません。そうでなければこうしてご縁をいただくことはないでしょう。一冊の本と

の出逢いもご縁であり、ご縁とは潜在《せんざい》意識が求めているものだからです。恐らく読み進めていくほどに、より大きく自分の中にある宝の存在に気づくことになるはずです。

そして、その宝に気づいたら、できるだけ日々、磨き上げていっていただきたいのです。私自身、日々、淡々《たんたん》と磨き続けています。

幼い頃に祖母から武士の娘の薫陶《くんとう》を受けたとしても、そこで終わっていたら身につくものも身につかなかったでしょう。成長してから自分で学びなおし、あらためて実践することによって、ようやく祖母の教えと一体となったような感じがしています。祖母の教えは私と一緒に育っていき、私の成長に伴い深みを増し、教えに対する私の理解も深まりました。

すると、自分の中にある宝が輝きを増すことに気がつきますし、輝きを増してくると、ますます大切にしていこうと思えるようになるのです。習慣とは、このようにして身についていくものなのでしょう。

受け継ぐための新しいかたち

真理は、核心部分は変わりませんが、表層的な部分は時代に応じて微妙に変化するものです。茶の湯やお能、歌舞伎などの伝統芸能を見ればわかるように、受け継いでいくためには時代の風を取り入れていく必要があるからでしょう。逆に言えば、核心があるからこそ表し方を自由自在にできるのです。

祖母は明治二十二年に生まれ、厳格な武家の躾《しつけ》を受けて育った人です。そのあり方をそのまま今の時代に持ってきたところで、「かつて日本人はこうだった」ということになりかねません。「昔の日本人は偉かった」などと過去のことになってしまっては、とても実践的とは言えなくなってしまいます。

本書で「武士の娘の美学」と位置づけた祖母の教えは、幼少期に祖母が何気なく口にした言葉がもとになってはいますが、何分、幼い孫でもわかるように語ったことでもありますから、「今なら、きっと祖母はこう言うに違いない（というより、こんなふうにしか言わない）」という言い回しにしたうえで、私なりに経験から習得したことを述べました。それにより「生きた教え」として実際にお役立ていただけると思います。

良縁も開運も品格しだい

品格を磨き徳を高めていくことは、良きご縁を引き寄せ、運を開いていくことにもなります。品格とは別の言い方をすれば「人間としての味わい深さや豊かさ」です。その度合いが増すほどに、相応《ふさわ》しいご縁がもたらされるのです。

私自身、わずかずつでも成長しようと自分を磨き続け、一段でも二段でも階段を上っていこうと努めることにより、思いがけず素敵な人と巡り会うという経験を重ねてきました。百枚も千枚も名刺を配って歩くより、誰も見ていない自宅で過ごす時間を美しく整えるほうが確実だとさえ思っています。

武家の教育において品格の形成は最も重要なこととされていました。もともと合戦が仕事だった武士は、ご縁や運が死活問題に直結していたからかもしれません。

さて、前置きはこれくらいにして、そろそろ本題へとまいりましょう。

読み進めるほど、日本人に生まれたことへの誇りと自信を抱いていただけたなら、大変嬉しく存じます。

女子の品格＊目次

第二章　品格をかたちづくる
言葉としぐさを美しく

第三章　品格に豊かさを

感性を磨き上げる

第四章　品格に拡がりを
よきご縁を結び育てる

第五章　品格に深みを
人生を慈しむ

第六章　品格に高みを

民族の誇りを受け継ぐ

装幀　――川上奈々
帯写真　――(c)imagenavi／amanaimages

第一章

日々の暮らしに美意識を

品格の基礎となるもの

品格は一日にしてならず

年を重ねれば重ねるほど、つくづくその大切さに気づかされるものがあります。私にとって「日々の暮らし」は、中でも筆頭に挙げられます。

今年の春は報道も人々の話題も、まるで「コロナ一色」になってしまったかのようでしたが、その際、強く心に決めたのは「こういう時だからこそふだん通りの日常生活を大事にしよう」ということでした。

混乱が生じれば生じるほど、ふだんの暮らしが愛おしくなり、不安にさいなまれるよりも、いつ死んでも後悔しないように毎日を楽しく過ごしたいと願ったのです。

もっとも、コロナがあろうとなかろうと、いつ死を迎えるかは神のみぞ知ることであり、この日々も、いつ突然失われるかわかりません。ただ、コロナのおかげで、こうしたことがよりいっそうわかりやすくなったのは確かでしょう。

一日一日を大切に生きていこうということは以前から心がけてきたことではありますが、その「大切にする度合い」には終わりがないということがわかりました。つまり、どんなに大切に過ごしたとしても十分ではないということです。

たとえ十分でなかったとしても、そうした心がけがあるかないかでは、やはり大きな違いが出てしまいます。

その違いとは、人生に対する愛の深さです。

日々を慈しむように生きている人は、間違いなく人生を愛している人です。人生を愛しているということは、天から賜った命を尊んでいることに他なりません。

品格のある人というと、「近寄りがたい人」とか「上から目線の人」といったようなイメージを漠然と抱いている人もいるかもしれません。けれど、真に品格のある人というのは、実は、「愛に溢れている人」なのです。

自分を愛し、他者を愛し、日々を愛し、人生を愛している。草木も、鳥も獣も、この世界のすべてが愛おしくてならない。

だから、一日一日がもったいないくらい大切になるし、一緒に過ごす人とできるだけ心が通い合うように配慮したくなる。どのみち人生には思うに任せぬことも生じるのだから、せめて「今、ここ」を精いっぱい明るく楽しく、豊かに過ごすことにしよう。

そんな気持ちになるのです。

このような心情を表現したのが礼であり、翻《ひるがえ》っていえば、たとえ型どおりの作法でも根底にこのような心情があって初めて、品格が感じられる礼儀作法に見えてくるのです。

それには何気ない毎日を美意識をもって丁寧に過ごすということに尽きます。

この章でお伝えすることは、誰もが知っていることですし、多くの人が当たり前のこととして行ってきたことだと思います。

ただ、それをどのような意識で行うのか。ここは、もしかしたらご存じないかもしれません。当たり前に繰り返してきたことというのは、無意識のうちに続けられてきた場合が多いからです。

同じ行いでも、心のあり方によって内的作用が大きく異なってきます。

品格の形成は、内的世界をいかに豊かにしていくかということが大事な課題の一つです。その基本となるのが、日々の暮らし方にあるのです。

武士の娘の美学 一

身を整えると、心も整うものですよ

節度は美に通じる

一日の中にある節目

昔ながらの「身繕《みづくろ》い」という言葉が好きで、私は今でも「着替える」ではなく「身繕いをする」と言います。

寝間着《ねまき》から日常着や仕事着に替えるだけなら「着替える」ということになりますが、「身繕い」は「身」を「繕《つくろ》う」ですから、歯を磨き、顔を洗い、髪を整えることも含まれます。女性ならお化粧もありますし、さらにいえば寝具を仕舞《しま》うことも、「身繕い」

に入れていいでしょう。
お布団をたたみ、ベッドなら見苦しくないよう整え、洗顔をして、髪に櫛《くし》を通して……という一連の動作を続けるうち、ぼんやりした寝起きの頭も次第に冴えていきますし、これから始まる一日に対して真摯《しんし》に向き合おうという気持ちが生まれます。

幼い頃は、身繕いをして祖母の部屋へ挨拶に行くのが朝の習慣となっていました。寝間着のまま祖母の前に出た記憶はなく、また、祖母の寝間着姿を目にしたこともありません。早くしないと祖母が待っていますから、母は私を起こすなり、「ささっと丁寧になさいね」と言うのが癖でした。もたもたしないで手早く、けれど同時にきちんとしなければならないというわけです。

このような朝の約束事も、「身繕いをすることによって心が整っていく」という感覚を育むことになったのかもしれません。なんとなくではありましたが、「一日のうちの大切なこと」という想いがしていましたから、いっそう「心を整える」という気持ちになれたようです。

日々繰り返されるこの習慣は、いわば小さな行事でした。季節の行事が節目であるように、身繕いと朝の挨拶は、眠りの時間と目覚めの時間との節目の役割を果たしていたのです。

日本人は折に触れ節目を大切にしてきました。大きなところでは人生の節目があり、一年の間には二十四節気《にじゅうしせっき》と七十二候《しちじゅうにこう》といった暦《こよみ》の節（季節）があります。さらには一日のうちにも意識して節を持つことを習慣としていたのです。

身も心も整えて一日を始める

新型コロナウイルスをきっかけにリモートワークが一気に進み、自宅で仕事をする人が増えました。聞くところによれば、気がついたらスウェット姿のまま一日を過ごしていた、という人もいるようです。

だらしのない格好でいると、なんとなく気持ちも引き締まらないものです。逆もまた然りで、身繕いをすることによって心も繕われていきます。

「出勤＝仕事」「仕事＝出勤」という公式が崩れ去ろうとしている今、あらためて「一日と向き合う」ということについて思いを馳せてみてはいかがでしょう。

この毎日は当たり前に繰り返されているように見えますが、実はそうではありません。ふとしたことをきっかけに、一瞬にして失われる可能性があるのです。この事実に少なからぬ人が気づき始めているはずです。するとおのずから「一日と向き合う」ということの大切さがわかってくるものです。

身も心も整えて一日を始める。

このことが同じ一日をどれほど大きく変えることか、容易に想像できることでしょう。顔を洗って着替えて……という毎朝の動作を、心身を整える「身繕い」と位置づけてみる。それだけで、背筋が伸びるような感覚を得られるはずです。

同じ行いでも、ほんの少し意識を向けていくことにより、ささやかながらも美しい習慣となっていくのです。

武士の娘の美学　二

今日を迎えることができましたね、ありがたいことです

手を合わせると根源に繋がる

祈りの習慣を持つ

　このごろは毎朝、お祈りをする人が増えてきたようです。神棚やお仏壇があろうとなかろうと祈りの習慣を持つことは、とても良いことです。

　手を合わせるという、この動作そのものが、まずもって大事だと私は感じています。日常生活の中で、心を込めて手を合わせるということが他にあるかといえば、ほとんどありません。それに、手を合わせるという動作は、民族や宗教を超え、人類共通ではな

いでしょうか。それだけに、そこに根源的な何かがあるのではないかと思われるのです。

手を合わせることで、自分は神さまと繋がっている、自分の中にも神さまは存在する、という、「信じる気持ち」を確認できるのかもしれません。神、神仏、天、サムシンググレイト等々、どんな言葉で表現してもいいのです。ともかく、手を合わせることによって心が落ち着き、ぶれていた軸が元に戻る。そんな感覚を抱きます。

私の祈りの習慣は、朝、祖母の部屋に挨拶に行くことが原点となっています。身繕いをして祖母の部屋に行くと、まず神棚にお詣《まい》りし、その次にお仏壇《ぶつだん》にお線香をおあげしました。祖母は、「よくできたね」といわんばかりの表情で、こう言ったものです。

「今日を迎えることができてありがたいね」

それが時には「今日も命がありましたね。ありがたいことね」になりました。今、想い出してみても、実に印象的な言葉です。幼い私には祖母の真意などわかりようもありませんでしたが、ほどなく「命には限りがある」ということを知ることになりました。

もっとも、今では「命には限りがある」から「肉体をもって生きることには限りがある」という実感に変わりました。つまり命とか魂と称されるものは失われないということ、生き続けるということです。

とはいえ、今日という日は二度と来ない一日であることには変わりありません。その頃、祖母は八十歳を過ぎており、一日を迎えられることのありがたさは格別のものとなっていたのでしょう。同時に幼い私に対しては、日々を大切に過ごしてほしいと願っていたのかもしれません。私が日々の生活に強いこだわりを持つのは、まったくもって祖母のおかげです。

毎朝、感謝を伝える

今や私も祖母と似たようなことを言うようになりました。

毎朝、手を合わせながら、

「今日も無事朝を迎えることができました。神さま、ご先祖さま、ありがとうございます」

そう感謝を伝えるのです。

ただ、祈りのかたちそのものは、ずいぶん変わっています。ご参考まで、毎朝の習慣としてご紹介いたしましょう。

・起床後、居間の東窓のカーテンを開け、湯冷ましを注いだ小さなグラスを窓前に設置した棚に置きます。
・五分くらいしたら、お日さまに感謝して湯冷ましをゆっくりいただきます。こうしてお日さまのエネルギーを取り込むのです。
・次に、お香を焚《た》いて、あらためてお日さまに手を合わせます。曇りや雨の日も目を閉じてお日さまを想い描きながらお祈りします。
・今度は西の床の間でお祈りをします。床の間は居間の神棚代わりになっているためです。
・その後、仏間に行って、神棚にお詣《まい》りし、続いてお仏壇にお線香をおあげして般若心経とお念仏をお唱えします。

何の宗教とも宗派ともいえない「祈りのかたち」ですが、私なりに思うところあって、このようにしています。

毎朝、まったく同じことを淡々と繰り返していますが、お祈りすることによって自分の中にある軸がしっかりするような気がします。世の中が騒然としている中でも、あまり動揺しないでいられるのは、日々の祈りのせいかもしれないとさえ思っています。世界の激変は多くのことを教えてくれましたが、私はその一つが「祈りの力」だと確信しています。「祈ったところで何になる」というのは、祈らない人、祈りを知らない人の言葉でしかありません。

大きな変化は、今後まだまだ続くことでしょう。一筋縄《ひとすじなわ》ではいかないことも、たくさん起きると予想されます。そのような時、祈りの力を頼ることができる人は、もうそれだけで強いと思います。たとえ過酷な状況であろうとも心に平安を抱き、冷静な判断ができるにちがいありません。

私なりの祈り方をご紹介したのは、どんなふうでも形にこだわらず、自分の心が落ち着く祈り方をしていただきたいと思うからです。

今日一日を迎えることができた。

この想いと共に日々の祈りを取り入れてみてください。

武士の娘の美学　三

朝のお茶で一日の心づもりが整います

上質な暮らしはすぐ手の届くところにある

直感を研ぎ澄ませる

生活習慣の中で今も心に残るのは「お茶の時間」です。

朝食前、午前十時、午後三時、夕食前を基本に、何かというとお茶をいただきました。

この習慣を、ほぼそのまま受け継いでいて、私は日に何度もお茶の時間を設けています。

とりわけ朝のお茶は大切にされていました。その日最初にいただくお茶が美味《おい》しいと、実に幸せな気分で一日を始めることができるものです。

祖母のお茶を入れるのは母ですが、運ぶのは私でした。母は鉄瓶で湯を沸かすと、いったん湯冷ましに注ぎます。量は八分目くらいです。それをさらに祖母の湯飲み茶碗と、味を確認するために用意した母の湯飲み茶碗に交互に注ぎ、しばし置きます。こうすると湯はぬるまり、茶碗は温まるのです。

ほどよい湯温《ゆおん》になったと見るや、急須に注ぎ入れ蓋をして蒸らします。母は急須にそっと手を当てながら、頃合いを見てお茶を注ぐのでした。

湯温計で温度を測ることなどせず、感覚と呼吸だけです。お茶に限らず料理もすべて目分量で、それが感性を研《と》ぎ澄ませることに繋がるのだと思います。

数字に頼りすぎていると、本来持っている感覚的能力が鈍ってしまいかねません。第三章で感性についてお話しいたしますが、相手の立場になって判断する能力は品格に欠かすことが出来ないもので、そのうえでは感受性と想像力が必要となります。ふだんから感覚を頼り、直感を研ぎ澄ませていくことが大切です。

こうしてお茶を入れている間、母はずっと黙っていました。感性を全開にして、お茶だけに集中していたのでしょう。私はといえば、母の一連の動作を、やはり黙りこくって凝視《ぎょうし》していました。

お茶が入って、一口味見をすると、母はすぐに言いました。

「さ、おばあさんのところへ持っていって。早く」

母の言葉が切羽詰まっていたのは、いちばん美味しい瞬間を逃してはならないという思いからだったのでしょう。それが伝わってきますから、私も一刻も早く祖母のもとへ運ばねば、というような心境でした。

そして、お茶を一口含んだ祖母が、「ああ、美味しいねえ」とつぶやくと、なんだか肩の荷が下りたような気になるのです。私は運んだだけなのですが。

「今日も良い一日になりそうだね」

おきまりの祖母の言葉ではありますが、これを聞くと、本当に良い一日になるのだと思えたものです。嬉しい気持ちで下がると、母に祖母の言葉を伝えます。これで朝のお茶は無事終了となるのでした。

たかがお茶にあきれるような真剣さです。でも、このような日常の風景は私の宝物で、今でも朝、お茶を入れる時には、よく想い出します。

「心づもり」をする

私も母に勝るとも劣らない真剣さでお茶を入れます。緑茶のこともありますし、紅茶のこともあります。時には珈琲《コーヒー》を入れることもあります。珈琲の時は豆をその都度、自分で挽いていています。

丁寧にお茶を入れて、ゆっくり味わっても、だいたい二十分ほどです。朝は忙しいかも知れませんが三十分弱のことですし、少し早起きすれば時間の確保ができるでしょう。これまでのような慌ただしい生活リズムの中では、朝、一服のお茶をいただくより、五分でも長く寝ていたいという人も多かったと思いますが、今は、どうでしょうか。こうした朝のひとときを過ごすことができる状況にありませんか？

ただ一服（お茶は「一杯」とはいいません）のお茶がもたらす豊かな朝のひととき。こんな贅沢《ぜいたく》を私は愛します。上質で優雅な暮らしは特別なものではなく、その気になれば誰もが得られるほど、すぐ手の届くところにあるのです。

身繕いからお茶まで、朝の一連の習慣は、心を整え、内的世界を豊かにしていくことに繋がっています。祖母は「心づもり」という言葉をしばしば使いました。心づもりとは、心のあり様《よう》、意識といってもいいでしょう。身繕いをして、朝のお祈りをし、さらにお茶を一服いただくというプロセスを踏みながら、この一日をよりよく過ごすために、明るく前向きな心を意図的につくっていくのです。

ところで、昨今は急須を持たない人も増えてきているそうです。ペットボトルのお茶しか飲んだことがないという子どももいるということです。

これは極めて残念なことと言うべきでしょう。食事とは全く異なる、お茶というこの風雅なものを知らないということは、日本の伝統の何たるかを理解することができなくなる可能性があります。固有の文化を継承していくためにも、お茶の習慣を失わずにいていただきたいと願います。

武士の娘の美学　四

お掃除で肝心なのは、浄めるという気持ちです

塵や埃、汚れは邪気とされていた

大切にしている心の習慣

正直なところ、お掃除はあまり得意ではありません。みなさんが好意的に思ってくださるほど、私はちゃんとしていないのです。

書斎の本棚から本が溢れ出し、資料はどさっと置かれている状態です。母は祖母の流儀に従って必死に躾《しつ》けようとしましたが、この程度しか身につかず、お仏壇に手を合わせる度に詫びています。

そんな私がお掃除のことについてあれこれ言うのは憚《はばか》られるのですが、ただ一つ、大切にしている心のあり方のことをお伝えしたいと思います。

それは、お掃除は「お浄《きよ》め」だということです。

「お玄関を掃き清めてきてちょうだい」

「テーブルを清めといてね」

「自分のお茶碗くらい自分で清めるものです」

お掃除に限らずきれいにすることに対して、こんなふうに「清める」という言葉を使いました。「清める」は「浄める」に通じます。つまり、単に清潔にするのではなく、浄化するのです。

目に見えないものを大切にしてきた日本人は、汚れや塵芥《じんかい》には邪気《じゃき》があるとしてきました。今も風水などで、しきりに片付けや掃除のことが言われるのはそのためです。

邪気は毎日、どうしても入り込んでくるものです。それは私たちが一日過ごしただけで、どこからともなく塵や埃《ほこり》を身につけて運び、それを家のあちこちに知らぬ間に撒いてしまうことを見ればわかります。

お掃除する時に、たんに整理整頓して清潔にするのではなく、邪気という負のエネルギーを浄めていくのだという気持ちを持ってみてください。ただこれだけのことですが心情が変わります。どう変わるかというと、お掃除に神聖さを感じる……といえばいいでしょうか。単なるお掃除は味気ない感じがしますが、そこに「お浄めする」という想いが加わると、ひとつひとつの動作にさえ、自然と心を込めることができます。第二章で詳しくお話ししますが、このような心のあり方は、しぐさまでも整えていく効果があるのです。

「お浄め」は自分の手でする

最初に申し上げたように掃除上手とはいえないのですが、少しだけ私なりのお掃除の仕方についてもお話ししましょう。

基本は、掃き掃除と拭き掃除です。ほうきとちりとりを使い、あとは花粉などほうきでは取り切れない細かい埃などをとるためにペーパーモップも使います。拭き掃除は、使い捨てのハンディモップも使いますが、やはり布製のおぞうきんが一番きれいにできます。例外はお手洗いで除菌効果のあるペーパークリーナーを使っています。

電気掃除機をかけるのは週に一回程度でしょうか。東日本大震災の時に停電のため、少し不便な経験をしました。その時、「文明の利器《りき》に頼ることをなるべく少なくしていこう」と思ったのです。私たちは便利な物に囲まれ、それらを使いこなしていますが、使えなくなるとたちまち不自由してしまうということは、逆に便利な物に使われているようなものではないか、などと考えからです。自由でいるためには、文明に頼り切らないようにする必要があるでしょう。

似たような理由で、お掃除ロボットも使いません。いつでもお部屋がきれいになって、とても快適らしいのですが、むしろ私はふだんの生活で自分や家族がどれくらい汚しているのか、把握しておきたいのです。汚れの度合いや、汚れ方は、暮らし方や季節によっても変わります。それがわかっていると、春なら春の、冬なら冬のお掃除の仕方がわかります。

こんなことに時間とエネルギーを使うより、もっと他のこと……たとえば仕事に役立つことに使った方がいいという考え方も、もちろんあります。でも、自分に問いかけたときに、やっぱり「お浄《きよ》めは自分の手でしよう」という答えを得たのです。

その代わりに、完璧を目指さずに、ある程度のところで手を打つということにしました。そうすれば仕事の時間も十分に確保できます。

毎日絶対に欠かさないのは、お玄関とお手洗いです。

お玄関は人の出入りがいちばん多いところですし、お手洗いは「ご不浄」ともいわれるだけに、意識して浄めておきたいところです。そのほかの場所は、ハンディモップで埃を取ったあと、汚れ具合によってモップにするか、掃き掃除とモップと両方にするか決めます。

毎朝のお掃除といってもこの程度で、あとは気づいた時にきれいにしておきます。洗面台や台所などの水回りは、使った時にメラミンスポンジで浄めておくと楽です。お部屋も少し気になった時に、軽くモップをかけておけば、そこまで埃っぽくなりません。寝室は、できれば寝る前にささっとモップをかけたほうが、睡眠中に埃を吸わなくてすみます。

さて、毎朝のお浄めの仕上げは、なんといってもお香です。時にはラベンダーやローズマリーなどのエッセンシャルオイルを焚《た》くこともあります。きれいになった空間に良い香りが漂ってくると、なんともいえない幸せな気分になるのです。

武士の娘の美学　五

捨てる物だからといって、ぞんざいにしないこと

生きている間くらい「自分の始末」をする

感動を覚えたごみの出し方

十年あまり前のことです。朝、住宅街を散歩していると、ある家の門からお年を召したご婦人がひょいと出てきて、私の数メートル先をいそいそと歩いていきました。その先には地域のごみ収集所があり、ご婦人がごみを捨てにいこうとしていることは、すぐにわかりました。

手にしているのは大きなゴミ袋ではなく、中くらいのレジ袋程度の大きさです。ご婦

人は収集所にそれを置くと、すでに出ている他の人のごみをさりげなくなおしました。ちょうど私が追いついたために、その様子をすぐ目の前で見たのです。

別に見ようと意識したわけではなかったのですが、目にしたもの（つまりご婦人の出したごみ）に、私はハッとして、小さな感動すら覚えました。

ご婦人は二つのごみを置いていかれました。一つは新聞紙でレンガ形に包まれており、黒マジックで「生ゴミです」と書かれていました。そのうえで透明なビニール袋に入れてあったのです。地域によっては、このようなごみの出し方は処理に困るのかもしれませんが、東京都に関しては、少なくともその当時、何の問題もありませんでした。もう一つのゴミ袋には、どうやら紙ゴミが入っていたようです。

ともあれ、そんなふうに生ゴミをレンガ形に包んで出されているのを初めて見ましたし、その丁寧さと、大きさそのものの慎《つつ》ましさに感動したのです。しかも、自分がごみを出すついでに、他の人のごみもきちんと整えていかれた。

思わず振り返ると、門を押して家に入ろうとしている姿が目に入りました。七十歳代くらいでしょうか、普段着にエプロンをつけた装いでしたが、趣味の良さが感じられました。そして何より、ごみの出し方も、出す際の物腰も、とにかく品が良いのです。

なんて素敵なんでしょう！

そう思った瞬間、すっかり忘れていた祖母の言葉を想い出しました。

「捨てる物だからといって、ぞんざいにするものではありませんよ」

何十年ぶりに蘇った言葉ですが、このときやっと「ああ、こういうことだったのか」と合点がいったのです。

人の品格を左右するもの

私が子どもの頃は東京でも庭で焚き火をしたり、ごみを燃やしたりすることができました。朝、ごみを燃やすのは父の役割です。子どもというのは火遊びが好きなものですが、私も燃えている火を見るのが楽しみだったので、お手伝いと称して家中のごみをどんどん集めては庭にいる父のもとへ運びました。

その時です。くずかごに、いい加減に紙ゴミを突っ込んで運ぼうとする私を見て、祖母が「ぞんざいにするものではない」と言ったのです。

どうせ捨てるものなのに、丁寧に扱わなければならない意味がわかりませんでした。けれどごみは最初からごみだったわけではありません。私たちが生活する中で、どうしても使い切れない部分なり物なりを「ごみ」と位置づけているのです。

そして、私たちは自分で処理することができません。燃やせるごみなら昔は庭で燃やしましたが、今ではごみ処理施設を頼るしかないのです。しかも、ごみ処理施設まで届けてもらうには、業者さんの手を借りなければなりません。

このように考えていくと、できるだけごみを出さないようにしよう、仕方なく出したごみは丁寧に出そう、という気持ちが生まれてくるのです。

また、このようにも考えられます。

私たちは誰でも、生まれた時は産湯できれいにしてもらい、死んだ時も遺していく体を浄めていただきます。生まれた後すぐに自分で身を浄めた人は一人もおらず、また、死んだ後で肉体を自分できれいにした人も一人もいません。生まれて死ぬという、人生における最重要時に百%人の手を煩わせているというわけです。

それを思えば、せめて生きている間、自分が生活するうえで否応なしに出してしまうごみの始末くらいはきちんとしておきたくなります。

ごみが環境問題に直結しているのは言うまでもありません。ごみだけが原因ではありませんが、遠からず今の異常気象に繋がっていることでもあります。

できるだけごみが出ないように生活の工夫をする。

ごみを出す時は業者さんが困らないように丁寧に出す。

ただこれだけのことを心がけるだけで、「自分さえよければ」という利己的なあり方からも離れていくことができます。

人間の品格を左右するのは、こうした人の見ていないところでの振る舞いに尽きると私は確信しています。このようなことに気づかせてくれた名も知らないご婦人と、気づくことができるよう種をまいてくれた祖母には感謝しかありません。

武士の娘の美学　六

ごはんは「食べる」のではなく「いただく」ものですよ

動作にするとわかる「いただく」の意

食に対する敬意

三十代後半の頃、ある料理家の先生のご自宅を毎月おとずれて、料理に関する記事を書いていたことがありました。

「あのライターさんにお願いしたい」というご指名をいただいてのことでしたが、大変お厳しい方で、食のことのみならずさまざまなことを学ばせていただいたものです。

確か、まだ訪問三度目くらいの時だったと思います。

「あなた、武家でしょ」

いきなりそう言われて面食らったことがありました。

「さようでございます。祖父方は伊達仙台、祖母方は上杉に仕えておりました。でも、なぜおわかりになりましたか?」

先生は、私も武家だからです、と仰《おっしゃ》いました。聞くと、ご実家は代々毛利家の家老として仕え、特に学問の分野を担っておられたとのこと。思わず「敵方か」という言葉が心に浮かびましたが、それは先生も同じだったようで、「和解しましょうよ」と、からからと気さくにお笑いになったのでした。

その先生が仰っていたことが、「今の人はどうしてお食事をいただくことを、食べる、などと言うのでしょうね」ということでした。そして、「真理子さんはいつもいただくとおっしゃるでしょう? やはりご家庭でそう教えられたの?」と訊かれたのです。

「食べる」と「いただく」ということに関して、自分ではまったく意識していなかったので答えに窮《きゅう》しましたが、言われてみれば食事でもお茶でもちょっとしたお菓子でも、「食べる」ではなく「いただく」だったことに気づきました。

「お茶とお菓子をいただきましょう」

「お夕飯、いただきましょう」

と、このような言い回しです。

つまり私にとっては幼い頃からの単なる習慣でしかなかったのです。ゆえに「いただく」と「食べる」の違いなど考えたこともなかったというわけです。

先生が憤慨《ふんがい》する……というよりも情けないと感じていた理由は、とりもなおさず「食に対する敬意を忘れている」ためでした。海外生活も長かった先生は、多くの日本人が慎ましさを忘れ、飽食《ほうしょく》に甘んじていることを心から嘆《なげ》いていたのです。まるで「質より量」といわんばかりの風潮に対しては、「戦後ではあるまいし、どうしてしまったのでしょう」などと、かなり手厳しかったものです。

ずいぶん怖かったけれど、それ以来、「いただきます」という言葉を、ちゃんと意識して使おうと心に決めました。そのためにも、この「いただく」という言葉の意味を把《は》握《あく》しておきたいのです。

すべての食は命のもと

「いただく」は「戴く」とも「頂く」とも書きます。山の頂という言葉からもわかるように、いずれも高いところ、それも、最も高いところを表しているのがわかります。最も高いところにいらっしゃるのは神さまです。神棚が家の一階にあったり、マンションなどで上に人が住んでいる場合に、天井に「空」という文字を書いた紙を貼り付けるのは、それによって「ここが頂点です」と折り合いをつけるからです。

古来、日本人は食べ物は神さまから賜《たまわ》ったものとしてきましたから、どんなものでも収穫した物は、まず神さまに捧げ、それから人々が食しました。そのようなことから、まずは神棚にお供えし、それを「お下がり」としていただく風習となったのです。

神棚など高いところに置こうとする時、自ずから両手を高く上げることになります。また、神棚からお下げする時も、両手を高くあげて手に取ることになります。

「いただく」を動作で表すと、このようになるのです。

回りくどいようですが、この両手を頭上よりも高く掲《かか》げる動作からも、そこには最高の敬意が払われていることがわかるのではないでしょうか。そこまでの敬意を払うのは、すべての食は命のもとであり、すべての収穫物は命そのものだからでしょう。

私たちは自分の命を繋ぐために、どうしても他の命を必要とするのです。この避けて通れない事実に対して、せめて食事ごとに「かたじけない」という懺悔《ざんげ》に似た想いと、ゆえに「ありがたい」という感謝を捧げるために、「いただきます」という挨拶があるのです。この場合の挨拶は、当然ながらほとんど祈りに匹敵します。

こうして考え合わせていくと、やはり「食べる」よりも「いただく」と丁寧に言いたくなります。また、必要以上に食べ物を消費することは、憚《はばか》られるような気持ちになります。さらにいえば「質より量」という大量生産主義によって作り出された食べ物よりも、自然を損なわないようにしながら作られた質の良いものを望むようになります。

日本の食糧自給率が四十％を切ったのは、もう二十年近く前のことです。にもかかわらず、日本の食物の廃棄は信じがたい量です。

また、一説によれば、農薬や化学肥料を使った栽培により、昭和三十年代を百とすると、現在の野菜の栄養価は三十％程度にしか満たないということです（このように言われていたのは十年前なので、今はもっと低いかもしれません）。

世界的な食糧危機が目前に迫るとされる今、食の質と量について真剣に問い直してみるべきではないでしょうか。その際、私たち日本人が培ってきた食に対する敬意……食べ物は神さまに直結している、神さまそのものである、という意識を基本としたいものです。

武家が質実《しつじつ》を重んじたことはよく知られていますが、それは食にも表れていました。ふだんの食事は、おみおつけ（お味噌汁）とごはん、おこうこ（お漬け物）に、お菜が基本でした。お菜は、おひたしや野菜や煮物、お豆腐料理などです。それに、夜はお魚がついたり、朝なら納豆や卵料理がついたりです。

私の食生活は今もこれが基本で、雑穀《ざっこく》入りの玄米ご飯とおみおつけ、おこうこ、おひたしやきんぴら、お豆腐や納豆といったところです。お魚やお肉や卵があまり得意ではないので、つい遠ざけてしまうのが課題ですが、無理してまで食さずともいいと思っています。また、一日三食は重く感じるので二食にして、お昼をいちばんしっかりいただき、夜は軽く済ませます。毎日同じようなものをいただいていますが、物足りないと思ったことはまったくなく、むしろ極めて満足です。

さらにいえば、こうしてふだんは質素《しっそ》にしていると、たまにいただくごちそうが本当に贅沢《ぜいたく》なものとなるのです。

武士の娘の美学　七

慎ましさこそが贅沢の何たるかを教えてくれるのです

簡素の中にある豊かさ

自分を尊び、慈しむ

「お金も物も、この世での借り物と思えばよろしい」（『女子の武士道』より）

「ものを大事にしないのは、自分を大事にしていないのとおんなじだよ」（『女子の教養』より）

このような価値観を持っていた祖母が、今のような物の扱い方や価値観について、何と思うだろうか、と考えることがあります。祖母だけではありません。母にしても「もったいないこと」と眉《まゆ》をひそめる姿がハッキリと目に浮かびます。

断捨離《だんしゃり》という言葉が生まれる背景には、普通に暮らしているだけで否応なしに物が増えていく社会構造があるのを感じます。いつでしたか、家電製品は十年ほど使えば壊れるように出来ていると教えられた時には、極めて嫌な、残念な気持ちがしたものでした。

このようなあり方に甘んじてきた結果、地球はごみだらけになってしまいました。地球のみならず、今や「宇宙ごみ」も大問題になっています。

環境問題だけではありません。巡り巡って「自分を大切にする」ということが感覚的に理解できなくなっている人を増やす結果になったのではないかというのが私の考えです。

自分を尊ぶこと。

自分を慈《いつく》しむこと。

より良い人生にするうえでは、決して忘れてはならないことです。自分を大切にすることができるようになると、他者を大切にすることができますし、自分を尊び慈しむことが、他者を尊び慈しむことに繋がっていきます。

ものを大事にしないのは、自分を大事にしないのと同じ。

この教えの真意が、つい最近、やっとわかってきました。

自分を大切にしなければいけないということは、多くの人が知っています。でも、どのようにするのが「大切にすること」になるのか、ここは難しいところではないでしょうか。なぜなら、うっかりすると単なる我が儘《まま》という利己的なあり方になってしまいかねないからです。本当に自分が大事なら、利己的にはなれないはずなのです。利己的だと決して幸せにはなれないからです。

そのようなズレを生じさせない方法が、ものを大事にすること、ものを丁寧に扱うことなのです。これは、言葉で伝えようとしても、なかなかわかっていただけないと思います。やってみて、そして、続けてみた時に、ふと、「ああ、こういうことなのか」と腑《ふ》に落ちるからです。

たとえば、ふだんからよく使うものを乱暴に扱わずに丁寧に使い、定期的にお手入れをするのです。私は器が好きなので例にとりますが、音を立てないように両手で丁寧に扱い、使った後はすぐに浄めてやわらかい布で拭くようにします。

家電製品などにしても、壊れる原因となる埃がつかないよう、気づいた時にホコリ取りでサッと拭うようにします。

慎ましさの中にある真の贅沢

こうした手間をたくさんの物にかけるわけにはいきません。少ない物を身の回りに置くことになれば、本当に気に入った物に限られてきます。「この程度でいいか」という妥協《だきょう》がなくなるのです。心から気に入った物となれば、なおさら丁寧に扱うことでしょう。壊れないよう扱うことによって、物にも心が移っていくような気がします。妙な言い方かもしれませんが、物といえども自分の分身となるのです。

こうして本当に気に入った物だけを暮らしに取り入れていくと、豊かに暮らしていくうえでは、それほど多くの物を必要としないことに気づきます。

それに、どんなに気に入った宝物であろうとも、あの世まで持っていくことはできません。まさに「この世での借り物」なのです。

限られた物で豊かに暮らし、世を去った後もすっきりと潔い。

誰もが憧れる美しい生き方、あり方ではないでしょうか。

古い記憶を辿り、あらためて祖母の部屋を想い出してみると、そこには驚くほど物がありません。祖母が居間として使っていた部屋にある最も大きな物は、お仏壇だけでした。他に存在感のある物といえば、当時よく見られた家具調のテレビ。あとは、火鉢と細々とした物をしまう小さな箪笥、隣《となり》の続き間には桐の箪笥が二竿と、ちょっとした茶道具を入れた中くらいの茶箪笥が置いてある程度でした。

戦争の折に多くの物を失ったせいもあったと思いますが、それにしても簡素という他ありません。その少ない物を、他界するまでに、いつの間にか整理していました。翻って言えば、整理できるほどの物しか持っていなかったということです。

本当に好きな物に囲まれて、自分の心が満たされるような暮らし方をする。

このシンプルなあり方は、日本人が大切にしてきた慎ましさそのものです。「足るを知る」とも言えましょう。

物が多ければ心が満たされるかといえばそうではないこと、慎ましさの中にこそ真の贅沢があることに、今、多くの人が気づき始めています。

武士の娘の美学　八

どんなに眠くても体を浄めてからおやすみなさい

この体は、いずれお返しするもの

布団に入る前に必ずすべきこと

お掃除のことを「浄める」とお伝えしましたが、お風呂で体を清潔にすることもまた「浄める」でした。

もっとも、ふだんから「お風呂で浄めておいで」などと言っていたわけではありません。それに、「体を浄める」という言い回しも、祖母しかしませんでした。父などは「一風呂浴びる」などと言っていたくらいですから。それだけに祖母の「体を浄める」

という言い方が印象に残ったのです。

母が「お風呂に入っていらっしゃい」と言うところを、祖母は、「お布団に入る前は、ちゃんと体を浄めるものですよ」

そう静かに言うのでした。

不思議なもので、そんなふうに言われると、そのまま服から寝間着に着替えて布団に入ることが、なんとなく憚られるような気がしたものです。たとえて言うなら、どろんこのまま、真っ白できれいなお布団に転がるような……。

このごろは、やはりお風呂はお浄めだとつくづく思います。それは「眠る」という行為は、毎晩繰り返される一種の「死」と受け止めているためです。

七歳で死を意識し始めた私は、夜、眠りにつく時に、「このまま明日目が覚めなかったらどうしよう」と思うことがしばしばありました。眠っている時は、「別の所に行っている」という不思議な感覚もありました。

今では毎晩の眠りは、死を迎える練習とも受け止めています。お布団に入るか、お棺に入るかの違いかな、などと思っているのです。

そうなると、どうしたって浄めておきたくなります。

昔は死を「土に還る」とも言いました。この肉体は、いうなれば「お借りしたもの」なのです。誰かに貸して差し上げた物が、ぼろぼろの状態で返ってきたら、何と思うでしょう。それが大切な物であればあるほど、貸した相手が大切な人であればあるほど、悲しく残念な気持ちになるにちがいありません。

私は、天から賜った命を宿すこの体を精いっぱい大切にして、むしろ磨き上げるくらいの気持ちで、感謝と共にお返しししたいのです。

毎晩のお風呂は「禊」

そういえば子どもの頃、手術の経験のない人が「親からもらった体を傷つけたことがない」と言って自慢していたのを耳にしたことがありました。逆に、怪我でもすると、「いただいた体を傷つけてしまった」と、まるで重大な罪を犯したかのような言い方をしたものです。

このような意識を持つことができれば、もっと自然に自分を大切にすることができるのではないでしょうか。心身の健康を害するようなことも遠ざけるようになり健康を維持することにもなりましょう。

毎晩のお風呂は禊《みそぎ》だと仰る古神道家の方もいます。オカルト的に思われるかも知れませんが、私たちが暮らす世界には、さまざまな目には見えない存在もあるのです。「禊」や「祓《はら》え」は特別な時だけなく、日常の生活の中に取り入れるべきものだという考え方は自然なことに思えます。お風呂から出ると、その日あった嫌なことも気にならなくなっていたり、ホッとして疲れがとれていたりするのは、このような観点からすればお浄めができたということになりましょう。

お風呂のお浄め効果をレベルアップしたい時は、塩風呂や日本酒風呂にしています。天然塩は十～三十グラムほど、日本酒なら二百ＣＣくらいです。

体が重いと感じた日には、天然塩をお風呂に持ち込んで、ツボでは百会《ひゃくえ》といわれる頭頂部と、ヨガでサードアイといわれる眉間、そして首の後ろにある大椎というツボのあたりに塩をつけてこすり、お湯で流すようにしています。頭痛を予防したり、目の疲れを軽減したり、風邪の予防になるなど、東洋医学的にも理《り》に適《かな》っています。

第二章

品格をかたちづくる
言葉としぐさを美しく

武家の教育で第一に重んじられたこと

人の品格や気品、品性といったものは、どのようなところで感じるのでしょうか。

おそらく大半の人が、そこはかとなく醸《かも》し出される雰囲気から感じ取っているのでしょう。

「そこはかとなく醸し出される雰囲気」の具体的な要素として、「佇まい」と「言葉」が挙げられます。

姿勢や立ち居振る舞い、ふとした時に見せる（つまり無意識のうちに行われる）ちょっとしたしぐさといったものが、その人の佇まいをかたちづくるのです。

また、会話をする際にどのような言葉を、どのような使い方をするか、さらには相手の話をどのような様子で聞いているか、といったことなどは、否が応でも人間性を表してしまうでしょう。

新渡戸稲造《にとべいなぞう》は「武士の教育で第一に重んじられたのは、品格の形成であった」（『武士道』新渡戸稲造　著／岬龍一郎　訳　ＰＨＰ文庫）と述べていますが、最古の武将の家訓として伝わる北条重時《しげとき》の『極楽寺殿御消息』には、すでに礼儀についての教えが極めて事細かに記されています。

たとえば「畳《たたみ》の縁《へり》を踏むな」「敷居《しきい》の上に立つな」「道で人と出会った場合は急いで弓を持ち直し、うやうやしく左手に引き寄せて礼をせよ」といった立ち居振る舞いから、「大勢人が集まった中で茶菓子が出た場合は、わざと取りはずしたふりをして他の者にたくさん取らせよ」といった心遣いまであります。また、装いや持ち物に関しても、清潔感があり身の丈に合ったものをと、かなり具体的に述べられていますし、言葉に関していえば一貫して「悪口はならぬ」と教えています。

重時の家訓が書かれたのは今から約七百五十年前の一二五六（建長八）年頃と伝えられていることから、すでにその頃から品格が重んじられたことがわかります。

居心地の良い社会を形成していくもの

こうして身を律することは心を整えることにもなります。

心は目に見えないものですから、バランスを欠いていても自覚できないことがあります。イライラしたり、落ち込んだり、心がバランスを欠いている状態では、他者への気遣いも何もあったものではありません。ゆえに、そうなる前に、心をできるだけ平安に保つことができるよう、身を律することを習慣としていたのでしょう。

個人の自由や自分らしさといったことが重視されるようになって久しくなりますが、その間、かつては当たり前だった言葉遣いや立ち居振る舞いの躾が忘れられていきました。忘れられるというより、もっと積極的に疎《うと》んじるような風潮さえありました。

穏やかで美しく、そして何よりやさしい雰囲気は、誰にとっても好ましいものであるはずなのに、それをかたちづくるための要素を身につけることが希薄になったのです。それは心のバランスを欠きやすい人が増えたことを意味します。このことは社会がギスギスと居心地悪くなったことと、決して無関係ではありません。

品格の形成は、一人ひとりの人生をよりよくするのはもちろん、居心地の良い社会を形成していくことに繋がることを忘れずにいたいものです。

本章では、ごく基本的な日常の心がけをとりあげました。いずれも私自身、「これを躾けてもらって、どんなに助かったかしれない」とつくづく思うものばかりです。

武士の娘の美学　九

ふだんから気をつけている人は自然に見目が整うもの

見る人が見ればわかる

習慣こそが頼れる味方

「ふだんから気をつけていなさい」

物心ついた頃から、この言葉を幾度言われたかしれません。

「そうしないと身につかないから」

少し知恵がついて、不服申し立てをした際にはこのように返されました。私の言い分は、「お外でちゃんとできればいいのでしょう?」だったのです。

読者の中には、こんなやりとりを経験した方もいらっしゃるのではないでしょうか。懐かしく感じられるかもしれませんね。

表情、姿勢、立ち居振る舞いに言葉遣い。いずれも家の中では、あまり重要視されていません。ところが、たとえば何かの式典やパーティー、あるいは高級店での会食などといった状況となると、たちまち配慮が必要になります。その時に、どれほど気をつけても、何気ないふだんの行いが無意識のうちにひょいと現れてしまうものです。

習慣とは恐ろしいものです。だからこそ常日頃から、できるだけ気をつけていることが肝要なのです。そうすれば、習慣こそが何より頼れる味方となるのです。

見た目のことを昔は「見目《みめ》」という言葉で表しました。「見目のよい人」「見目のきれいな人」とは、単に外見が良いというだけでなく、教養と知性と、そしてここが大事なところですが、愛嬌《あいきょう》も兼ね備えた人を指したようです。

「自然に見目が整っているというのが、やはりいいものなのですよ」

そう言って祖母は微笑み、さらには、

「見る人が見れば、よくわかるものなんだよ。いずれはわかるようになります」

そう結びました。

後に幸田文《あや》の随筆に、「見る人が見ればわかる」という言葉を見出した際には、懐かしいのと同時に、やはりこんなふうにして教えたのかと再認識したものでした。

「煤《すす》の箒《ほうき》で縁側の横腹をなぐる定跡《じょうせき》は無い。そういうしぐさをしている自分の姿を描いて見なさい、みっともない恰好《かっこう》だ。女はどんな時でも見よい方がいいんだ。はたらいている時に未熟な形をするようなやつは、気どったって澄ましたって見る人が見りゃ問題にゃならん」(『幸田文 しつけ帖』幸田文 著/青木玉 編 平凡社)

今ならパワハラだのセクハラだのと言われそうですが、そうした言葉尻《じり》よりも、何を言わんとしているのか、その本質を理解したいものです。

心を整える習慣をつける

掃除というのは多かれ少なかれ荒っぽくなりがちな作業であり、いちばん立ち居振る舞いに対する配慮を忘れる時だといえるでしょう。お作法の教本には、掃除の時の立ち居振る舞いなど出ていません。そうなるとますます重要ではないと感じてしまうでしょう。

だからこそ意識する必要があるのです。

娘の文に掃除の仕方を教える際、そこに美学を以《もっ》て行った父・幸田露伴は流石《さすが》としかいいようがありません。江戸時代、幸田家は幕臣《ばくしん》で、大名の取り次ぎなどをする職にあったため、行儀作法にはよほどうるさかったのだろうと思われます。

この随筆と出会ったことにより、あらためて、「掃除をしている時の自分の格好」を意識するようになりました。

まず、箒で掃く格好をあらためました。きちんと背筋を伸ばし、目線は箒で掃こうとしている場所に落とします。そして、掃くことを「祓《はら》うこと」と意識しました。すると妙に心静かになり、それに従い動作も静かになりました。

もう一つ気づいたのは、早く終わらせたいあまり、せかせかと掃除をしている時に、いつの間にか眉間《みけん》に皺《しわ》を寄せていたことです。これはいけない、と、表情に気をつけました。口角《こうかく》をほんの少し上げて、眉間を春風が吹いているような感覚で開くのです。たったこれだけで穏やかな気持ちになりました。これは掃除以外の時にも当てはめていくといいでしょう。

武士は戦場でも心の平安を保たねばなりませんでした。平穏な日常も「常在戦場《じょうざいせんじょう》」と心がけ、さまざまなことに配慮したのは、心を整える癖をつけるためだったにちがいありません。

自分の立てている音を聴いてごらんなさい

しぐさを美しく丁寧にする秘伝

美しい立ち居振る舞いをつくるコツ

自分がどんな音を立てているか注意する。

しぐさを整えていくうえで、これほど役に立った教えはありません。お作法以前の美しい立ち居振る舞いを身につけるコツとして、講座などでもお伝えしているほどです。

武家の家庭教育として欠かせないものに家事の躾が挙げられることは『女子の教養』で述べたとおりです。年齢に応じて家の手伝いをさせられ、そこからさまざまなことを学ばされたものでした。その際に母が口酸っぱく言っていたのが「音を聴いてごらんなさい」なのです。

お手伝い以外でも、歩く音、食事をする際の音、ドアや襖、窓や雨戸などあらゆる物の開け閉め、物を置いたり取りあげたりする時の音、ひいてはくしゃみや咳、あくびまで（！）。許されたのは寝ている間の寝言やいびきくらいです。

なんと口うるさいことかと思われるでしょうし、実際、私の立てる音と母の小言と、どちらがうるさいかというくらいでしたが、やはり音というのは、それくらい神経を使ってしかるべきなのです。というのも、聴覚というのは、想像以上に人の心情に影響を与えるからです。騒音が大きな事件に発展することなどは、その象徴といえるでしょう。

できるだけ音を立てないように配慮することによって何が起きるかというと、「しぐさが丁寧になる」ということです。

歩き方、食事の仕方、物の受け渡し方、ドアや襖の開閉など、礼法に則った美しいしぐさというものがありますが、それをひとつひとつ憶えているのもなかなか大変です。

特に大人になってから始めるとなると、慌ただしい日常生活の中で実践していくのは難しいものがあるでしょう。

形は形として憶えておいて、ふだんは音に配慮することによって、ほとんど失礼に当たらない程度の丁寧さが備わってきます。もちろん、しぐさを美しく整えるには、後述する指先を揃えることなども大切なコツなのですが、大きなところでは「音を聴く」、これが何よりおすすめです。

まずはできるだけ大きな音を立てないように配慮することといたしましょう。

暮らしの音に心を向ける

以下に、具体的なことをいくつか述べてみました。

歩く時、特に室内では気をつけます。時々、かかとを打ち付けるようにして歩いている人がいますが、これでは大きな音が出てしまいます。むしろ足先から進むようなイメージで、足の裏の指の付け根と土踏まずの間の膨《ふく》らんだ部分がつくようにすると、床でも音が立ちにくくなります。この歩き方なら畳のお部屋でも失礼になりません。

また、歩く時は、きちんと背筋を伸ばします。かかとを打ち付けるように歩いてしまうのは、もしかしたら姿勢のせいかもしれません。

物を置く時、特に器をテーブルに置く時は、決して音を立てないくらいのつもりでちょうどいいです。これには指先、特に小指を上手に使うのがコツです。

たとえばグラスを置く時は、グラスの底の部分に少し小指が掛かるようにします。その状態でテーブルに置くと、小指がまず触れるので音が立ちません。それから自然に指を外すようにしてグラスを置きます。その際、左手を添えるのを忘れずに。

ほかに音が立ちやすいのは、台所仕事です。お鍋ややかんを火にかける時、包丁で料理の材料を切る時、食器を洗う時の水音と、食器同士が触れ合う音、冷蔵庫のドアの開け閉め。自分がどんな音を出しているか、一度、劇場の観客になったつもりで聴いてみましょう。中華料理屋さんの厨房《ちゅうぼう》のような威勢のいい音が出ていたとしたら要注意です。厨房ではなく家庭の台所ですから、あくまでやさしい音が聞こえてくるようにしたいものですね。

こうして音に心を向けていくと、妙な言い回しかも知れませんが「自分の音」というものがあることに気づきます。「自分なりの暮らしの音」です。

今は夏なので、水の音が心地よいです。うつわやふきんをきれいにしようと、洗い桶に水を張る、その時の音。それが外から聞こえてくる蝉《せみ》の声や風の音と重なり合う。急須《きゅうす》に茶葉《ちゃば》を入れる時の、茶葉が立てる乾いた音。それが火にかけたやかんの音に、ささやかなアクセントを添える。

暮らしの音が穏やかな時は、なんともいえず幸せな気分になります。

武士の娘の美学　十一

気をつけなければならないのはお部屋の出入りです

良くも悪くも場の空気を変えてしまう

人にも場にも波動がある

幼い頃、祖母の部屋に入る時は、常に少しの緊張感を伴ったものですが、実は今、よく似た緊張感を抱く状況にあります。まさか数十年後に、ほとんど同じ感覚を抱く経験をすることになろうとは思ってもみませんでした。

それは月に三回、お茶のお稽古のため、先生のいらっしゃるお茶室に入る時です。お扇子を置いて襖を開け、一礼してから型どおりに入室する際、静謐《せいひつ》なお茶室の空気を乱してはならないと、細心の注意を払います。床の間の前で座して再び一礼し、その日のお軸とお花を拝見してから、さらに一礼。それから自分の座について、先生にご挨拶を済ませると、ようやく少しホッとするのです。

この緊張感がなかなか気持ちの良いもので、文字通り身も引き締まるような想いがします。思えばこのような機会は他にほとんどなく、実にありがたいとしかいいようがありません。さらには、なぜ幼いながらもあんなに緊張感を伴ったのか、遅ればせながら気がついたのです。

「お部屋の出入りには気をつけなさいね」

この教えは「場の雰囲気を悪くしないように気をつけなければならない」ということを表しているのです。

私には仕事関係で訪問する会社や講演先などで、人の入室につい注目してしまう癖があります。部屋に誰かが入ってくるたびに、雰囲気が微妙に変わるのを感じます。けれど、たいていの人が「自分が部屋に入ることによって空気（雰囲気）が変わる」などとは思っていないようです。

ただ、講師として控室を使わせていただいている際、何かとお世話をしてくださる女性のほとんどが、場の空気が乱れないよう細やかに配慮してくださっていました。こういう時には、深い思いやりが感じられて実に嬉しいものです。

人にも場にも、波動（エネルギー、あるいは気とも称される）があります。そして、私たちは知らず知らずのうちに波動の影響を受けています。イライラしている人と一緒にいると、なんとなく心が落ち着かなくなったりしませんか？　朗《ほが》らかで明るい人と一緒にいると、楽しい気持ちになることでしょう。陰気な場所に足を運ぶと気分が悪くなり、美しい自然の中にいると安らぎを覚えるのも波動の影響です。

自分がどんな波動を発しているか

このように波動は心にも外的な状況にも大きな影響を及ぼすものです。重要なのは、自分が発した波動は自分に返ってくるということです。目の前の人に思いやりのない言葉を発すれば、相手も心ない言葉を発するように、すべては自分に返ってくるのです。

自分がどんな波動を発しているのか意識を向けてみましょう。ごく単純に、誰にでも優しくしたくなるような明るい気持ちなら良い波動、その逆なら良からぬ波動だと受け止めれば良いのです。もしあまり良くない状態だと思ったら、深呼吸をしたり、気晴らしをしたりして、明るい気持ちになるよう努めてみることです。

こうしてみると、心を整えるとは波動を整えることでもあることがわかります。心を整えて、できるだけ明るい気持ちでいられるよう調整できるようになったら、今度は積極的に「自分が場の雰囲気をつくるんだ」くらいの気持ちで部屋に入るといいでしょう。

職場やさまざまな集いなどで、「あの人が来ると、とたんに雰囲気が明るくなるね」などと言われるようになったら嬉しいものです。

気をつけたいのは家にいる時です。家族には甘えがあるので、つい疲れ切った顔、憂《ゆう》鬱《うつ》そうな様子のまま部屋に入ったりしてしまいます。

無理することはありませんが、親しき仲にも礼儀ありで、ほんの少しだけでもいいから心を明るい方に向けてほしいのです。疲れ切った顔をしていても、「ごめんね、ホントに疲れちゃって」と微笑《ほほえ》めば、ずいぶん違うものです。もしかしたらこれだけで、家庭内のすれ違いが緩和されるかもしれません。

武士の娘の美学　十二

指先が揃うときれいに見える。両手ですると丁寧に見えますよ

美しいしぐさのコツは手先にある

行わないのは知らないのと同じ

今、お茶のお稽古をつけていただいているのは御年九十三になる先生です。どう見ても八十歳くらいとしか思えないほど、驚くばかりシャンとされています。

ご指導の細やかさは言うまでもなく、何気なく仰るお言葉のひとつひとつが深い学びとなっています。先生についてから、かれこれ二年あまりになろうとしていますが、初めの頃、二度三度と繰り返し注意されたことがありました。それは、手先のことです。

「指先をちゃんと揃えてください」

「右手に左手を添えて持つのです」

「使っていない方の手を、きれいに揃えてください」

私は心中、「わかっていたはずなのに」という思いでした。どれも祖母に教えられていたことに通じていたからです。

にもかかわらずできていない。ということは、いつの間にか抜けてしまっているということです。気をつけているにもかかわらず、です。

そもそも、お茶のお稽古に通おうと思い立ったのは、自分の立ち居振る舞いや言葉遣いが、わずかではあるけれど乱れ始めているのではないかという自覚があったためでした。その際、心から敬愛する裏千家《うらせんけ》の千玄室大宗匠《せんげんしつだいそうしょう》と同じ時代のお茶を身につけている先生につきたいと願い、探し当てたのが今の先生です。

最初に手先のことを注意された時はハッとしました。次のお稽古で、まったく同じように注意された時には、深く深く恥じ入りました。

またも同じことを先生に言わせてしまった。

ひとえにこの思いです。

二度とこのようなことがないように、と決心して私が行ったことは、毎日、朝から晩まで、どんな動作をする時でも、できるかぎり指先を揃えることでした。併せて左手を添えること、使っていない方の手をきれいに揃えることでした。

三十日の間、お稽古はわずか三日です。その時だけしか行わず、残り二十七日間は何もせずに放っておくのなら、身につくはずもありません。

今も日々の生活の中でできるだけ指先を揃えること、お茶碗など右手だけで持つ場合でも左手を添えること、使っていない手をだらしなく遊ばせないで、きれいに揃えておくように心がけています。

「知っていたとしても行わないのなら、知らないのと同じですよ」

祖母は頭でっかちな私をそうたしなめたものでしたが、今さらながら、この言葉が身にしみてきます。頭で考えているだけでは何ひとつ身につかないのも同然です。心で感じて、行動に落とし込み、それを日々繰り返していってこそ、習慣として自分のものとなるのでしょう。

物の受け渡しの作法

手先は体の部位の中でも最もよく働くところであり、それだけに人目にもつきやすいものです。手の動きに無駄がなく、やわらかく優雅《ゆうが》な人は、まずまちがいなく気品を感じさせます。

そうした意味で、物の受け渡しなどは気をつけたいところです。

基本は「相手が受け取りやすいように渡すこと」「正面を向けること」です。お茶やお菓子、お料理をお出しする場合はもちろん、書類や書籍、贈り物なども、ちゃんと正面を向いているかどうか確認してからお渡しします。

気をつけたいのは、お箸《はし》の方向です。日本の文化は右と左にそれぞれ意味がありますから、昔は箸は右手で持つよう躾けられました。それがすっかり失われ、今では左手で持つことも当たり前になっています。そのせいなのか、以前、お箸を渡される際に、左側に箸先が向くべきところを、右側に向けて差し出されたことがありました。その時、我ながら思いがけないほど戸惑ってしまい、受け取ることができなかったのです。やむを得ず、「箸先の向きを反対側にしていただけますか」と申し出て、やっと受け取った次第です。

なお、物を受け取る時は両手で受け取るようにすれば、まず間違いありません。差し出された物を片手で受け取ることは、ほとんどないからです。

武士の娘の美学　十三

おうちの中でこそ言葉に気をつけておきなさい

基本ができていてこそ崩すことができる

内と外を分けない

　情報化社会は言葉にも大きな影響を与えます。ここ十年で、いわゆるネット言葉というものが、インターネット上でのやりとりのみならず、普通の会話でも当たり前に使われるようになりました。

　言葉の乱れが指摘される傾向は、私の幼い頃からありました。むしろ今以上に、「日本語の危機」とされ、修正しようとする動きがあったかもしれません。ところが今は、知事や政治家までもが平気でカタカナ用語を交えながら記者会見を行うくらいですから、もはや危機意識さえも失われたのでしょう。恐ろしいことです。

英語でも日本語でもないカタカナ用語に私は馴染むことができず、何を意味しているのかわからないものもたくさんあります。

けれど、わかりたいとも、使いたいとも、思わないのです。理由は、まったく美しくないからです。日本語で言えばいいものを、わざわざ英単語をもってきてカタカナ用語に置き換えるというありようには、私の美意識が激しく抵抗します。

日本の言葉は本当に美しく、味わい深いものであり、そのものが民族の宝です。言葉には魂が宿るとする「言霊《ことだま》信仰」を今なお受け継ぎ、そのまま使い続けている民族が他にあるでしょうか。少数民族ならいざ知らず、先進国では日本くらいのものでしょう。

言葉を大切にすることは、民族の誇りを守ることに繋がると私は考えます。

ここまで言葉にこだわるのは、私が「ものかき」である以上に、言葉について厳しく躾けられたからに他なりません。武家の躾について調べるため、士族出身者の聞き書きや回想録など、ずいぶんたくさんの文献をあたってきたのですが、おしなべて言葉の躾は厳しかったとあります。言葉はその人を表すもの、つまり、その人の品格を否応《いやおう》なしに表してしまうからでしょう。

家庭内の躾ですから、当然ながら家の中で使う言葉から気をつけるのです。むしろ、内と外を分けるということはしませんでした。子どもなど、家で使っている言葉が外でも出てしまうわけで、するとその家の躾のレベル、つまり、教育についての意識が露呈《ろてい》してしまうからです。

これもやはり「外でちゃんとする」と言ったところで無駄でした。

「おうちの中でこそ、ちゃんとした言葉を使うんです」

ぴしゃりと言われておしまいです。そして、たとえふざけてでも乱暴な言葉を使うと、母の顔がみるみるうちに恐ろしく変わるのでした。

来客の時などは、丁寧な言葉を使う良い練習となりました。

「お客さまがお見えです（あるいは、お越しです）」とか「お土産に羊羹をいただきました」などという言い回しは、早くから慣れておいたほうがスッと出てくるものです。

物などに「お」をつけて、丁寧にすることも、教えられるというよりは、母がそのように言うので自然と身につきました。「お米」「お茶」「お菓子」などは言うに及ばず、「お洋服」「お鞄《かばん》」「ご本」「お帳面《ちょうめん》」「お道具」「ご褒美《ほうび》」「お夕飯」と、多くに「お」や「ご」がついており、そうしたものだとしか思いませんでした。それだけに、「米」とか「本」とか言われた時には、ギョッとするような違和感を抱いたものです。

「すみません」で済ませない

それでも、私の家などはこの程度です。明治天皇の侍医だった秋月昱蔵の娘として生まれた酒巻寿《さかまきひさ》（明治二十九年生まれ）の聞き書きには、興味深い記述が数多くあるのですが、その中から、「すみません」という言葉についてご紹介しましょう。

「すみません」という言葉もほんとに気になる言葉で、私どもは決して使いませんでした。女中たち同士で「すみませんね」などとお互いにいうことはあったようですが、屋敷の娘は、品のわるい言葉として、使うことを許されませんでした。必ず「おそれいりますが」であり、「ありがとう存じます」であり、「申し訳ございません」であって、何もかも「すみません」「すみません」とやたらに連発する若い主婦の方たちを見るにつけ、言葉の使いわけができないのかしらと、ふしぎな気がしてしまいます。意味のちがう内容を、みんな「すみません」ですましてしまうのは、幼児語の「ブー」といえば「お湯」だったり「自動車」だったり「ラッパ」だったりするのと同じで、語彙《ごい》が乏《とぼ》しいからなのでしょうか。（『おてんば歳時記』尾崎佐永子　著　講談社文庫）

実は私も、「すみません」が多用されることについては気になっていました。たとえば、狭い通路を通らねばならない場合などの「すみません」は、「失礼いたします」ということなのでしょう。ちょっとしたものをいただいた際の「すみません」は、「恐れ入ります」か「ありがとう」ということになります。「すみません」と詫びるよりも、「申し訳ございません」のほうが適しています。

こうしてひとつひとつ考えていくと、何でも「すみません」にしてしまうのは、どことなくぞんざいな感じさえしてしまうものです。

私としては、祖母より七年後に生まれた酒巻寿さんの意見に大賛成です。そしてできれば、ご賛同いただいた方には、何でも「すみません」で済ませるのではなく、状況に応じて「恐れ入ります」「ありがとうございます」「失礼いたします」「申し訳ございません」と使い分けていただきたいと思います。
ほかに、目上の人には語尾を「です」ではなく「ございます」「遊ばせ」にすることなども、当時は当たり前のことだったと語られています。

「遊ばせ」はさすがに使わずとも、普通語と丁寧語の語尾の基本は覚えておきたいものです。以下に、よく使われる語尾をとりあげました。上が普通語で下が丁寧語です。

言います／申し上げます
行きます／まいります
来ます／いらっしゃいます
見ます／拝見いたします
見せます／ご覧にいれます
します／いたします

日本語は難しいので、いざとなると、「あれ？　どうだったかな？」と忘れてしまうことがあります。妙な言い回しにならないよう、習うより慣れろでいきましょう。

武士の娘の美学　十四

常に一呼吸を忘れずに。言葉は諸刃の剣なのだから

言葉ほど「扱い」に気をつけなければならないものはない

いったん腹に納めてみる

ゆったりと落ち着いて話す人は、誰にとっても安心感を与えるものでしょう。

もっとも、このごろはテレビ番組のコメンテーターやユーチューバーなる人たちの影響なのか、機関銃のごとく喋りまくる人が増えてきたようにも感じます。

両者を見ていると、明らかに呼吸が違っています。

ゆったり話す人は、質問に答える際も一呼吸置いている感があります。

せかせか話す人は、むしろ相手が話し終わる前に話し始めるくらいの勢いです。早口でまくし立てる人を見ていると、こちらの呼吸まで浅くなりそうな気がして落ち着きません。もちろん、そのような姿に気品を感じることもありません。

言葉のトラブルは後を絶ちませんが、一呼吸置くという習慣を身につければ少しはなくなるのではないでしょうか。

「何か聞かれた時でも、いったんお腹に納めるようにするといいんですよ。そうすると、だいたい一呼吸くらいすることになるんです」

大急ぎで答えようとするあまり思ってもみないことを言ってしまう私に対して、祖母からこんなふうに教えられたことを想い出します。「早く答えなければ」と焦ってしまうのは、何をするにも遅かったからです。

もっとも、身につくまでには、ずいぶん時間がかかりました。少しずつでもできるようになっていったのが、四十代半ばくらいからでしょうか。

それまでは、自己主張や自己PRが大事だとされる社会風潮の影響もあって、今にして思えば不思議なくらい、「自分の意見を滔々《とうとう》と言わなくちゃ！」などと必死になっていたのです。

そのようなあり方を続けていると、言葉で嫌な思いをすることが少なくありませんでした。必死で自己主張しなければならなかったのは、自分に自信がなかったのが根本的な理由です。わざわざ強気なことを言ってみたりするのは、自信のなさを隠すためでした。それが相手を傷つけたり、気分を害させることになり、結局は自分が嫌な思いをすることになったのです。

自分に対して少しずつでも自信が持てるようになった時、この「自己主張病」とでも称すべきあり方は改善されていきました。そしてようやく、「いったん腹に納めてみる」「一呼吸置く」ということができるようになっていったのです。

神々も行った「予祝」

今では、相手の言葉を一度、腹まで落とし込み、そこで想像力を働かせ、返す言葉をよく吟味《ぎんみ》してから、胸を通したうえで、口から言葉にして紡《つむ》ぎ出す、というイメージを意識して行っています。相手の言葉をお腹に入れて、お腹であたためながら返す言葉を同時にあたため、それを胸、喉と順に通して、口から出すのです。

インドの古代医療やヨガでは、人間の肉体にはチャクラと呼ばれるエネルギーの渦があると考えられてきました。胸には愛情に関係するハートチャクラがあり、喉元にはコミュニケーションに関係するスロートチャクラがあるとされます。お腹から胸、喉と通すイメージをするのは、発する言葉に愛情を含ませ、よりよいコミュニケーションができるような波動を込めようとしているからなのです。

会話をキャッチボールと表現することがありますが、このお腹から胸、喉、そして口から紡ぎ出していくやり方は、水晶のようにきれいな珠を相手に渡す感覚です。

この方法は重要な話し合いや、目上の方と話すとき、初めてお目にかかる人との会食など、ふだんよりも配慮が必要な時に使います。

言葉について、もう少し具体的なことも述べておきましょう。

世界中で大きな出来事が連続する状況下、事態の改善を祈らずにはいられませんが、その際、私は「予祝」という方法をとっています。「予《あらかじ》め祝う」と書いて「よしゅく」と読みますが、読んで字のごとく、もう願いが叶ったと想定し感謝の祈りを捧げるのです。たとえばこんなふうにです。

「疫病《えきびょう》も災害もおさまり、世界の人々が安らぎを取り戻しました。自然も動物たちも、そして私たち人間もいきいきと幸せに暮らしています。ありがとうございます」

天岩戸に隠れてしまった天照大神《あまてらすおおみかみ》にお出ましいただくために、神々が行ったのは「予祝」だったのです。

武士の娘の美学　十五

おでかけの時はハンカチを二枚お持ちなさい

できれば三枚が望ましい

二枚のハンカチの役割

お出かけの時、母はハンカチを二枚、ハンドバッグに入れるのが常でした。一枚はたいていガーゼのもので、もう一枚は美しい絵柄や刺繍《ししゅう》などが入った薄手のものです。二枚のハンカチには、それぞれ役割があります。

ガーゼは手を拭くために使います。今のようにタオルハンカチがなかったために、もっぱらガーゼを使っていたのでしょう。タオルハンカチが出回るようになってからは、タオル製を用いていました。

では薄手《うすで》のハンカチはどのように使うかというと、お食事の際に膝《ひざ》にかけたり、訪問先などでちょっとしたお土産をいただいたりした際に包んだり、といったふうです。

ちなみに祖母は出かけなくても、常に身近にハンカチを二枚置いていました。ガーゼか、もしくは手拭いと、やはり膝にかけるためのきれいなハンカチです。お茶の時間にお菓子をいただく際には、きれいなハンカチを膝に拡げて着物を汚さないようにしていました。食べこぼしなど滅多《めった》にするわけではないのですが、万一に備えてということだったのでしょう。

そのようなわけで、長じて一人で出かけるようになってからは、母は私のバッグにハンカチを二枚入れたものでしたし、自分で支度《したく》をするようになってからは、やはり二枚入れるようになりました。ただし、私は祖母や母のように薄手の繊細《せんさい》なハンカチではなく、ミニ風呂敷《ふろしき》とか小風呂敷などと称されるものを愛用しています。

これがなかなか便利なのです。

新幹線での移動も少なくない私は、車内で簡単な食事をとることもあります。その際、膝にかけたり、もしくは椅子に作り付けてある小さなテーブルに拡げて使います。きれいな絵柄の布が敷かれただけで、お弁当やサンドイッチが急に美味しそうに見えてきますし、ペットボトル飲料の味気《あじけ》なさまで、わずかに緩和されるような気がします。

訪問先で出されたお菓子を包むこともあります。時々、「どうぞお持ち帰りください」とすすめられることがあるのです。そういう時は、お礼を申し上げてから、そっと小風呂敷で包みます。ほんの少しですから、先方に袋を用意していただくまでもないですし、かといってそのままバラバラとバッグに入れるというのも憚られます。移動中につぶれてしまうのが関の山でしょう。これでは相手の心遣いに対して申し訳ないことになってしまいます。

淑女のたしなみ

カフェやレストランで昼食をいただく時に使うことも多いです。ランチは気軽なものという位置づけのせいか、紙製のナフキンが用意されることがほとんどです。ふわふわと軽い紙製ナフキンは、膝にかけておいたところで気づくと床に落ちていたりするものです。そこで、最初から紙製ナフキンをあてにせず、自前の小風呂敷を膝に拡げることにしました。これがどれだけ助かったか知れません。

あとは、友人や知人と会う時に、途中で小さな手土産を買って、それをそのまま渡さずに、いったん包んでから渡すこともあります。

このようにハンカチ二枚を持つ習慣は実に気持ちが良いことなので、講座などでもたびたび「淑女《しゅくじょ》はハンカチ二枚ですよ」などと自慢げに伝えたりしてきました。が、上には上がいるものです。

昭和初期に流行雑誌『少女の友』のイラストでその名を馳せた中原淳一（画家・エッセイスト）が、女性のたしなみとして「ハンカチは三枚持つこと」をすすめているのです。二枚の使い方は同じですが、もう一枚は顔を拭くためのものでした。私は「なるほど！」と納得してしまいました。それからは三枚バッグに入れることにしたのです。

これは新型コロナウイルスの感染予防にもなりそうです。今のところウイルスが体内に入ってくる原因は、手指などに付着したものが食べ物を通じて入ってきたり（パンなど手でいただく時などは注意です）、目をこすったり口元を触ったりすることだといわれています。ということは、手を拭いたハンカチで口元や目元を拭くのは避けたほうが賢明なのです。

日本の感染状況は世界と大きく異なっていますが、その要因の一つが段違いといっていい衛生観念があげられるでしょう。ハンカチ三枚を持つことは、疫病から身を守ることにも繋がっていきそうです。

武士の娘の美学　十六

お金の扱いにはよほどの注意が必要ですよ

お金は人の品格を映し出す鏡

祖母が最も恐れていたこと

武家は勘定方《かんじょうかた》などを除いて経済から切り離されているようなところがありました。明治以降、「武士の商法」と揶揄《やゆ》されるようになったのも、基本的な経済観念が欠落していたためでしょう。お金についてあれこれ言うのは卑《いや》しいことだとさえされたのです。

そのような武家の風習を引きずっていたせいか、お金のことをとやかく言うと、即座にたしなめられました。

これは、いいこととは言えません。資本主義社会で生きていくためには、お金のことは避けて通れないのに、幼い頃からの習慣によって、潜在意識の中にお金に対する嫌悪感が根付いてしまったのですから。

これを払拭するために、けっこうがんばりました。お金に対する抵抗感から解放された今、私はあらためてお金について考えることができるようになりました。そして強く思うことは、お金ほど人間の品格が出るものはないということです。

祖父母はずっと商売事業をしてきましたから、お金に対する嫌悪など、もとよりなかったのでしょう。祖母の手記には「お商売というのは有り難いものです」という言葉も見られます。

ただ一方で、細心の注意を払っていたことがうかがい知れます。それはお金がいかに人を変えてしまうか目の当たりにしたからでしょう。貧しい中を必死で働いていた時と事業が成功した時とでは、周囲の人々が祖父母に向ける視線が変わり、対応も変わりました。周囲が変化していくのに従い、自分たちが傲慢《ごうまん》にならないか。祖母が最も恐れていたのはここです。

「お金の扱いには、よほど注意しておきなさいね」

この言葉は、単にお金の取り扱い方のことを言っているのではなかったのでしょう。

祖父の事業を手伝っていた祖母は、あらゆる支払いを滞《とどこお》りなくきれいに行うこと、利益は社員に還元すること、生活は質実を守ることを旨としていました。そうすることによってお金に対する執着から自由になろうとしていたのかもしれません。

お金のことを話す時の基準

確か中国の古典だったと思いますが、懐《ふところ》具合がわかってしまうような様子をするのは見苦しいことだ、という教えがありました。祖母の様子は懐具合にかかわらず、同じようだったと思います。そして私も絶対にそうあろうと努めています。

今でもお金の話をすることは滅多にありませんが、さりとてまったくしないわけにもいかないものです。そこで、お金のことを話す時の、私なりの基準を作りました。

まず、安いとか高いとか言わないこと。物の価値とは金額だけで計ることはできないためです。そこには目には見えないもの……作り手の思いや、それを販売する人の思い、物が受け継がれてきた背景や伝統などが付随しており、それらは得てして値のつけようがありません。また、私にとって値打ちのある物でも、他者にとってはそうではないかもしれません。こうして考えていくと、安いか高いかという単純な判断は、それそのものが浅ましい感じがしてきます。

また、「儲かった」「損をした」「得をした」という言葉も、口が裂《さ》けても、首がちぎれそうになっても言わないようにします。理由は先に述べたことと通じています。このような価値観から、何か購入する時は「安いから」ということを第一の理由にすることもしていません。

お金の取り扱い方そのものも、できるだけ丁寧にします。

支払いの際には、お札は必ず相手にとって正面を向くようにして差し出し、間違っても小銭が音を立てたりしないようにします。

お月謝などは新札を用意して、封に入れてお渡しします。

お財布の中は常にきれいに整理しておき、もしお釣り銭などでくしゃくしゃのお札が来たら、すぐに使ってしまうか、別に分けておいて何かの折に銀行で新札に変えます。

ちなみに新札はいつでも用意しておくと便利です。ただし、お香典やお花料などには古いお札を使うのがしきたりなので気をつけましょう。

第三章

品格に豊かさを
感性を磨き上げる

察する文化

「日本文化とは何か」と考えた時、一つには「察する文化」ということができるでしょう。

石田三成《みつなり》が太閤《たいこう》秀吉に三服のお茶を献じたことがきっかけで召し抱えられたという有名なエピソードがありますが、このことは察する能力がいかに重要視され、高く評価されたかを示しています。

当時、近江国・観音寺《かんのんじ》の小姓だった三成は、鷹《たか》狩りの際に訪れた秀吉に、まずは大ぶりの茶碗にたっぷりとぬるめの茶を点《た》てました。喉がからからに渇いていた秀吉は、それを一気に飲みほすと、二服目を所望します。すると三成は茶碗を替え、最初よりは熱い湯で茶を点てました。この時の茶碗の大きさや茶の量、湯温などは、標準的なものだったろうと思います。量は百二十ＣＣほど、湯温は服す時に五十度くらい。一気に飲み干せる温度ではありませんから、秀吉は、あらためてゆっくり茶を味わったはずです。すると、実に美味しく点てられている。そこで三服目を所望した。三成は、さらに茶碗を替え、今度は小ぶりなものを選び、さらに熱い湯で茶を点てたのです。温度は六十度くらい、少し濃いめの薄茶だったろうと想像します。

喉の渇きもすっかり癒《い》え、二服目の茶で心もホッと落ち着いた秀吉は、あらためて一碗の茶と謹んで向かい合ったのでしょう。松籟《しょうらい》の音は静寂を深め、時おり吹く風が土の香りを運んでくる。茶を口に含むと、えもいわれぬ香りと渋み、そして甘みが心地よく拡がっていく……。秀吉が、「これは」と心中驚いたことは容易に想像することができます。

もっとも、このエピソードは江戸時代に創作されたのではないかともいわれています。だとしても、察することの大切さを余すことなく伝えるものに他ならず、大いに学びがあります。

武道にしても同じことがいえます。剣術の達人になればなるほど察する能力は超人的になります。だいたい、考えていたら遅いのです。立ち合いの際、あれこれ考えて動いていたら、たちまち一本とられておしまいでしょう。真剣ならば命取りです。剣術修行を積み、察する能力をどこまでも極めていくことは、武士にとっては死活問題だったのです。

言葉にならずとも理解する。相手の様子から先を読む。目には見えずとも、生活のすべてが神仏と共にあるとし、歴史を紡《つむ》いできた日本人にしてみれば当たり前のことでした。

安らぎは心の中にある

ところが近代化以降、日本人も物質文明の中で生きるようになっていきました。第二次世界大戦後にはますます物質主義的になりましたし、やがては何でも言葉にしないとわからない、などと言われるようになっていきました。偏差値教育の中で数値による評価が行われ、仕事に就《つ》くと業績が問われます。物質文明はおのずから科学万能主義に傾き、エビデンスがないものは眉唾だと受け止められるようになりました。

いずれも日本文化とは真逆といえるものばかりです。このような状況下、残念ながら日本人の察する能力は鈍化してきたと認めなければなりません。

目に見える物や情報は、一見、確かなようでいて、実は幻のようなものです。新型コロナウイルスという目に見えない存在を前に、物質社会がもろくも崩れ去っていったことは、あまりにも象徴的ではないでしょうか。

一時期、買い占めなどの行為が横行したのは、物によって安心を得ようとしたためでしょう。ということは、物が失われればたちまち不安や恐怖に陥《おちい》ることになります。

情報にしても似たようなことが言えます。何とかして安心したいと思い、安心材料になる情報を探す。あるいは先々の心配を解消したいがために、予測材料となる情報を求める。入手する情報によって一喜一憂《いっきいちゆう》するということは、心が乱高下《らんこうげ》しているということです。外にある情報にばかり頼るということは、情報に振り回されてしまうことを意味するのです。

「安心」という言葉が表すように、安らぎは私たちの心の中にあるのであり、外に存在するものではありません。自分の内なる世界、心を見つめ整えていくことによって、いつしか不安や恐れは緩和《かんわ》されていきます。

落ち着いた心を取り戻せば、目の前に繰り広げられている光景が何を意味するのか、目には見えていない部分を察することができるようになっていきます。情報をそのまま鵜呑《うの》みにするのではなく、その背景にあるものを推察するようになるでしょう。

察する能力を取り戻し高めて行くことは、この時代を生き抜いていく上でも急務なのです。

さて、冒頭で紹介した石田三成のエピソードは「もてなしのお手本」とも言うことができます。物や行為を以て相手に対する想いを精いっぱい表そうとするのがもてなしです。相手の立場になり、その心情を察することなくして、もてなすことはできません。想像力を膨らませ、自分ならどのようにしてもらうと嬉しいか、それは相手も同じかどうか等々、あれこれ思いを巡らせることが必要になります。

人はそれぞれ異なりますから、相手が変わればもてなしの仕方も変わります。マニュアルもノウハウも、ほとんど意味を成さなくなるわけですが、実は、このようなあり方こそが本来なのです。

想像力を最大限活用し、それをもとに察していくには感性が必要です。頭で考えるのではなく、心で感じて行いに落とし込んでいくのです。

感性が豊かであればあるほど、想像力も豊かになり、さまざまなことを察していく能力も高まります。

ここでは、普段の暮らしの中で感性を磨いていく方法についてお伝えいたします。

感性が豊かな人は察する能力に優れ、察する能力に優れた人は、相手を慮《おもんばか》ることの出来る人、つまり、広い意味での愛情深い人ということができるのです。

武士の娘の美学　十七

どんなことでも好きなことをしてごらんなさい

内的世界を拡げ自分軸をつくる基礎となる

好きこそ物の上手なれ

前作『女子の教養』をご高覧くださった方の多くは、私のことを「厳しく躾けられた人」と受け止めてくださるようです。けれど、私自身はそのようには思っていないのです。それが当たり前だったのと同時に、興味のあることはたいていさせてもらえたからです。

「どんなことでもやってみるといいですよ。そうすれば、どんなものかわかるからね」

祖母自身、「行動ありき」の人でした。というより、激動の人生を力強く生き抜いていくには、行動する他なかったのです。

そんな祖母がしばしば口にしたのは、上杉鷹山《ようざん》公の「為《な》せば成る」という名言でした。私が極めて素直に行動できるのは、祖母の主義がいつのまにか私の主義になっているからでしょう。私からすると、大半の人が行動よりも考えることのほうに、より重きを置いているように感じられます。

まず調べてみて、どれだけのメリットがあり、どのようなリスクがあるのかがわかってから判断する。このような段取りは目的によっては大切なことでしょう。情報収集して分析し、できるだけ無難にするのは堅実なことです。けれど、どれほど事前調査をしてさまざまな可能性を想定しても、実際にやってみなければわからないことはたくさんあるものです。

調べすぎてしまうのは、失敗を恐れるあまりかもしれません。

「周りの人に迷惑をかけたくない」

この言葉が心の奥に楔《くさび》のように打ち込まれていて、本来の伸びやかさを活かすことができず、自分で自分を閉じ込めてしまうのです。

本当に迷惑をかけるようなことは、実際にはそうあるものではありません。多くは時間が解決してくれます。

好きこそ物の上手なれと言われるように、好きなことに没頭することは、その人ならではの才能を開かせることに繋がります。それは、その人が抱く内的世界を豊かに拡げていくということなのです。

心の声に従い行動する

世界は内と外にあります。外の世界はどんなに広いといえども限界がありますが、内なる世界には果てがありません。その気になればどこまでも拡げていくことができるのです。

そういう果てしない世界を自分の中に抱くことができたら、この現実世界に生じるさまざまなことのほとんどが、取るに足らない些末なことだとわかってきます。生きている以上、すべては「経過」でしかないのに、それを「結果」と決めつけて、「成功」「失敗」あるいは「勝ち」「負け」と評価する。内的世界が果てしなく拡がると、それがどれほどつまらないことか、はっきりとわかるようになります。

人と比べて自分をダメだと思ってみたり、あるいは優越感を抱いてみたりすることにしてもそうです。外側の世界にばかり気をとられ、それがいつの間にかすべてになってしまうから生じるのです。

こんなことでは心から自分を愛し、ありのままの自分を認めていくことは難しくなる一方でしょう。

自分の興味があること、やってみたいこと、好きなことをするのは、潜在的な自信を持つことにも繋がります。そこから自己肯定感や自分軸といったものもできていくでしょう。

好きなことをやり続ける中で、自分のさまざまな顔を見ることになります。長所も短所もあるのが人間ですが、長所は時として短所となり、短所は思いがけず長所に転じることもあります。つまり「良い」「悪い」など存在せず、すべてひっくるめて「私自身」であり、どちらがかけても自分ではなくなるのです。これがありのままの自分を尊び、心から愛する第一歩になります。

　この人生は一度きりで、いつ終わるともしれません。自分の心に正直に生きることは、後悔しないためにも必要だと思いませんか？

「やってみたい」という気持ちに素直になれない人は、小さなことから始めてみるといいと思います。たとえば、日常生活で生じるさまざまな選択を、最初の直感に従って決めるのです。直感、つまり心の声に従い行動することに慣れていくと、これまでの思考のクセから離れていくことができるでしょう。

武士の娘の美学　十八

お花がないと、とたんにお部屋が淋しくなるね

花は慈しむ心を育ててくれる

花は「不断の友」

「花」と言われて目に浮かぶのは、祖母の部屋の床の間です。

祖母が朝のうちに庭から切り取ってきた花ですが、庭に咲いている時よりも美しく見えたものでした。

「お花がないと、お部屋がさみしくなるからね」

花は理屈抜きにいいものです。たった一輪《いちりん》でも花があるだけで、その部屋は見違える

ようになります。空気がにわかにいきいきと活気づくのは、花のもつ生気のせいでしょう。特に都会の家では、花がある時とない時の違いが顕著《けんちょ》に感じられるはずです。花があるのが当たり前になると、花のない床の間は間の抜けた感じがしますし、部屋はまるで上着を忘れた人のように寒々《さむざむ》しく思われてくるものです。

岡倉覚三《かくぞう》は、花を「不断の友」としましたが、まさに言い得て妙としかいいようがありません。

喜びにも悲しみにも、花はわれらの不断の友である。（中略）花なくてどうして生きて行かれよう。花を奪われた世界を考えてみても恐ろしい。病める人の枕べに非常な慰安をもたらし、疲れた人々の闇の世界に喜悦《きえつ》の光をもたらすものではないか。その澄みきった淡い色は、ちょうど美しい子供をしみじみながめていると失われた希望が思い起こされるように、失われようとしている宇宙に対する信念を回復してくれる。われらが土に葬《ほうむ》られる時、われらの墓辺を、悲しみに沈んで低徊《ていかい》するものは花である。（『茶の本』岡倉覚三　著／村岡博　訳　岩波文庫）

ふだんという言葉は、今では「普段」という漢字が当てられていますが、もともとは「不断」だったことがわかります。「断たれることがない」という意味を汲《く》み取ることが出来るので、私はこちらの漢字が当てられることを好みます。

花が「不断の友」ということは、生まれてから死して後まで欠かせないものということになりますが、今はむしろ花を特別なものとする傾向もあるような気がします。花を得るためには、もっぱら花屋さんが頼りになってしまったせいもあるのかもしれません。

もし、花を飾るのが特別なことに感じているのなら、これからは少しだけ意識を変えて、ふだんの暮らしに取り入れてみませんか？　そう、花に「不断の友」となってもらうのです。

花を長くもたせる方法

花を飾るのを習慣とするには、近所のお花屋さんを馴染《なじ》みにするといいでしょう。すぐに買いに行けますし、買った花を早く活《い》けることができるからです。花を買いに行った際、何を選んでいいのかわからない場合は、季節の花を取り合わせた花束がありますので、その中から選ぶといいと思います。

買ってきた花は、花ばさみで適当な長さに切りながら花瓶に入れていきます。私は最初からあまり短く切ってしまわずに、少し長めに活けるようにしています。花をもたせるために「水切り」といって二〜三日に一度、茎を切るからです。

花をもたせるコツといえば、花屋さんを経営する友人に教えてもらった意外な方法があります。それは、花瓶に水を入れた際に、ほんの数滴、漂白剤を混ぜるのです。驚きましたが、やってみると本当に花がよくもちました。花束を購入した際に、花もちが良くなる液体をつけてくれることがありますが、成分はだいたい似たり寄ったりのようです。

飾った後は、できるだけ花がもつように二日に一度は水を替え、枯れた花を摘み取るなど面倒を見ます。すると花に対する憐憫《れんびん》がわいてきます。儚《はかな》い命を精いっぱい咲いているけなげな姿が、実に愛おしく思われてくるのです。

ついにしおれてしまった時は、まさに命を見送るような感覚です。花の気持ちになってみれば、美しく咲き誇っているところを見てほしいでしょうから、どんなに惜しくても花瓶《かびん》から外します。

それを時には花弁をすべて外し、きれいなお皿にふわりと盛りつけて飾ります。これはバラが最適で、ほかは芍薬《しゃくやく》や牡丹《ぼたん》、菊などでも楽しめます。花弁《かべん》の色がグラデーションを描いて、うっとりするような美しさです。こうして花と名残《なごり》の一日を過ごします。

最後は包装紙などにきっちり包み、「ありがとね」と一言、手を合わせてからそっとくずかごに入れるようにしています。

武士の娘の美学　十九

このお料理には、どんな器がいいだろう

「見る目」を育てる日々の習慣

生活に安らぎを与えるもの

器の楽しみはきりがないものです。私がつい財布の紐《ひも》を緩《ゆる》めてしまうのは、何といっても器と出合った時がいちばん多いと自覚しています。

器を手に取りながら、どんなお料理を盛りつけようか想像します。特別なものよりも、たとえば、ほうれん草のおひたしなどふだんのお総菜《そうざい》を載せたら、どんなふうに見えるだろうか、などと想像してみるのです。

台所仕事を少しずつ手伝わせてもらえるようになったのは、確か小学校三年生くらいでした。それまでは足手まといになるからと、出入りは禁止だったのです。

台所仕事といっても、母に言われたとおりにお皿やお鉢《はち》、お茶碗などを持っていくだけです。けれどそのうち、「このお料理を載せるお皿を持ってきて」などと、器を選ぶことにもなりました。私が料理に合わない器を持っていくと、「これ？」と、母は怪訝《けげん》な顔で言い、「青い縁取《ふちど》りの鉢を持ってきてちょうだい」などと指示するのでした。

それを祖母のお部屋に運ぶと、「いい器だね」などと褒められます。いい器も何も、今までさんざん使ってきたものなのです。恐らく、「この器を使って、このお料理をいただく季節になったんだね」という意味だったのでしょう。今では、その気持ちがよくわかるようになりました。

「そろそろあの器を使ってもいい頃だから、〇〇を買って帰ろう」などと、器ありきで旬《しゅん》の物を買い求めることさえあります。

お料理は器に盛りつけた姿が完成形です。器も、それ自体では未完成で、お料理やお菓子、果物などを載せてこそ生きてくるのです。

つまり、「使ってこそ」ということになるわけですが、これを「用《よう》の美」と表現したのが柳宗悦でした。鑑賞が目的の美術品に対して、日々用いられる器を工芸品とし、私たちの生活に安らぎを与えるものだと説いたのです。

深き美術は師とも父とも思えるであろう。だが工芸は伴侶《はんりょ》であり、兄弟や姉妹である。共に一家の中で朝な夕なを送るのである。そうして吾々の労を助け、用を悦び、生活を温めてくれる。それ等の者に取り囲まれて、この世の一日が暮れる。器に親しむ時、真に吾《わ》が家に在る思いがするであろう。（中略）器を愛する者は家に帰ることを好む。器はよき家庭を結ぶ。（『工芸の道　新装・柳 宗悦選集1』柳宗悦　著　春秋社）

美を見出す目

近年はやきもののブームなのか、益子《ますこ》焼や信楽《しがらき》焼、備前《びぜん》焼に萩《はぎ》焼など、各地のものが幅広く出回るようになりました。

やきものには陶器と磁器があり、それぞれ味わいがあります。「土もの」とも称される陶器は、手に持ったときや口元に触れた時にやさしいぬくもりが感じられます。素朴な風合いが思いがけずどんな料理にも合い、また絵になりやすいものです。いっぽう「石もの」ともいわれる磁器は、硬質で薄く、つやがあります。伊万里焼や柿右衛門など、洗練された美しい絵付けを楽しむことができます。

二十代くらいまでは、古伊万里や柿右衛門などが大好きでした。そのため母が備前焼や信楽焼などを好んで使うのを、「なんでこんな地味な器を使うのかしら」などと思っていました。ところが今では私も土ものが大好きで、ふだん使いは益子焼や信楽焼、萩焼などです。

実家から引き継いだ器もあります。祖母の時代のものは残念なことに失われてしまいましたが、母が少しずつ集めたものを今も使っています。もしかしたら、母が揃えた器を使うほうが多いかもしれません。それだけ飽きがくることもなく、また、テーブルに載せた時、明らかに上質で品が良いのがわかるからです。

私の「見る目」が、まだまだであることを実感します。物を見る目というのは、日々少しずつ、長年かかってようやく備わってくるものであり、審美眼《しんびがん》というのは、その遥か先にあるのかもしれません。美を見出す目を持つことは、殺伐《さつばつ》とした世界にさえ愛が存在するのを知ることに繋がっていくことでしょう。

まずは、家の食事が楽しみになる、ふだんの暮らしが美しくなるような器を選び、日日、使いこなしていきたいものです。

武士の娘の美学 二十

体のためにも旬の物をとりなさい

冴えた感性は心と体を守る

意識して季節のものをいただく

寒い冬にキュウリやトマトを食すと、なんとなく違和感を覚えたり、あまり美味しいとは感じられない。

このような経験をしたことはありますか? もしあるとすれば季節感を身体感覚として持っているのだと思います。つまり、頭で「今は冬なのに夏の野菜をいただくのはおかしい」などと考えたのではないということです。

今は季節に関係なくさまざまな食材が手に入るようになっていますが、私は意識して季節の物をいただくようにしています。長年続けていると、冬に夏の食べ物をいただいたりした時に、何とも言えない奇妙な感じを抱くようになりました。

子どもの頃、ひ弱で食が細かったためか、祖母も母も、ずいぶん気を遣っていました。特に食べ物については神経質なほどで、旬のものをいただくようにするのも季節感を大事にすることと共に、体のためとされていたのです。

当時は季節外れの物が出回るようなことはほとんどありませんでしたが、「初もの」といって旬を先取りするのが贅沢とされました。初鰹《はつがつお》などはその代表でしょう。

けれど祖母は、子どもには（つまり私には）そんな贅沢《ぜいたく》は不要という態度でした。

「あまり早すぎるのは感心しない。体にさわるようなことがあったら、贅沢も何もあったものじゃありませんからね。旬のものをいただくのが、結局は安心なんですよ」

高校時代、趣味で栄養学や薬膳《やくぜん》の本などを読みあさるようになった時、祖母の言葉は的を射ていることを知りました。

たとえばトマトは栄養素だけ見ればビタミンＣやリコピンなどが豊富ですから、冬に食しても風邪の予防になりそうです。ところが東洋医学的な観点に立つと、体を冷やす作用があるため、寒い冬は避けたほうがよいのです。

体を冷やすと免疫力が低下し、病気をしやすくなってしまいます。暑い夏なら火照《ほて》った体を適度に冷やし、強い日射しや高温で失われるビタミンCを補給することができます。ちなみに体を温める作用がある食べ物の代表的な物は、大根やゴボウ、ネギ、ショウガなどです。

和食がユネスコ無形文化遺産に登録されたのは二〇一三年のことですが、その理由は、日本人特有の自然を尊ぶあり方が食にも表れており、文化にまでなっているためでした。旬の食材を用いるのはもちろん、季節の花や葉を使って料理を盛りつけたり、その季節に相応しい器や調度品で演出するということが評価されたのです。

食べ物の旬を知る

ところが、今や若い世代を中心に、食べ物の旬がわからない人が急増しています。目の前にある食材の旬がいつなのか、まったく意識することなく食事をとっているのでしょう。

大げさに思われるかもしれませんが、このことは季節感を察知する繊細な感覚を鈍《にぶ》らせ、心と体の両方から根源的な日本人としての感覚を失わしめる結果になるような気がします。

これ以上、そうならないためには、まず基本的な食べ物の旬を学ぶことから始めたいものです。そして、できるだけ季節の物をいただくようにするのです。

旬の食べ物は五節句をはじめとする年中行事とも密接に繋がっていますから、行事を軸にして旬を理解していくのも楽しいかも知れません。行事にちなんだ食べ物には地域性も反映されているため、その土地ごとの食文化を知ることができます。すると、日本がいかに地域ごとに異なる魅力を備えており、多様性を有しているかもわかってくることでしょう。

マクロビオティックの創始者として知られる桜沢如一《ゆきかず》《にょいち》は、仏教用語の「身土不二《しんどふに》」という言葉を用いて、その土地のものを食すのが心身の健康に繋がるとしました。ごく単純に、遠く離れた土地からわざわざ運ぶより、すぐ近くの土地から食べる時に採取したほうが、新鮮で栄養価も高くなります。

人々の生活基盤が都市部から各地域へと移行していくことにより、その土地ならではの季節の収穫物を積極的に取り入れていくことが可能となってきました。わざわざ勉強し、意識的に旬を取り入れなくても、本来の食のあり方に戻っていくかもしれません。

武士の娘の美学　二十一

色も柄行きも飽きのこないものがいちばんです

着物の肌感覚は日本の心を呼び覚ます

着物は日本の民族衣装

緊急事態宣言が解除されて間もなく所用で京都を訪れた私は、一変した町の様子に驚いてしまいました。

閑散としていたのは言うまでもなく、着物姿がまったく見られなかったためです。以前、あれほどたくさん目にした着物姿は九割以上が観光客で、身につけていた着物は町のあちこちにあるレンタル着物店のものだったのでしょう。もちろん、そんなことはわかっていました。けれど、さすがに一人も見なくなるなんて、まさかそこまでとは想像もつかなかったのです。

ただ、正直なところ、「あの着物姿はいただけない。これが日本の伝統だと思われるなんて、もってのほか」と、苦々《にがにが》しく思ってもいました。京都のみならず東京の浅草などで見られる着物姿にしても同じです。

色も柄も生地も、装い方も何もかも、日本の伝統である着物文化とは似て非なるものといっても過言ではありません。時代の変化とはいえ、そこまですべてを崩しきってしまうと、何が本来なのかわからなくなってしまう危険があります。

着物は大切な日本の民族衣装なので、基本的なところをごく簡単に述べておきましょう。

まず生地《きじ》です。着物は概《おおむ》ね絹素材で、ほかには麻や綿など、いずれも天然素材です。最近は化繊の着物がかなり出回っており、中には絹の風合《ふうあ》いにだいぶ近づけたものもありますが、やはり比べると違いが歴然としています。

また、「染め」と「織り」とに分けられ、染めの着物は反物に後から色柄を加えていき、「織り」の着物は糸に色をつけて織りながら柄をかたちづくっていきます。前者の代表的なものに江戸小紋《こもん》や辻が花などがあり、後者には結城紬《ゆうきつむぎ》や大島紬などがあります。色や柄にも伝統があります。色は日本の伝統色で、呼び方も単純に「赤」「青」といったものではなく、「浅黄色《あさぎ》」「萌葱色《もえぎ》」「銀鼠色《ぎんねず》」など美しい名称がついています。柄は松竹梅や菊、橘《たちばな》、小槌《こづち》など、おめでたいものが大半です。

また、着物には格があります。普段着には、紬や綿、ウールなどです。夏の浴衣も普段着に入ります。外出する時などのおしゃれ着としては、代表的なものに小紋があげられます。洋服でいえばワンピース感覚です。準礼装は、付《つ》け下《さ》げや訪問着、江戸小紋、色無地、色留め袖。礼装は黒留め袖や本振り袖、喪服などもここに入ります。

着物の格は、合わせる帯によって多少は上下します。が、ややこしいのでここでは触れずにおきましょう。着物の約束事として、格を守らないと失礼になるため、きちんとしたいところです。たとえば、どれほど高価でも結婚式など礼装にすべきところに紬は用いるべきではないでしょう。近ごろはだいぶカジュアルになったので、作家物の大島紬などで参列する人もいるようですが、私は基本を押さえるようにしています。

季節の約束事もあり、五〜十月は袷《あわせ》といって裏付きの着物、六月と九月は単衣《ひとえ》といって裏のないもの。七月と八月は絽《ろ》や紗《しゃ》といわれる薄物を着ます。近年は温暖化の影響で五月から夏日になることもあるので、多少は前倒しにすることが許されます。ただ、礼装の場合は、きっちりと基本的な季節の約束事に準じるようにします。

帯は操を象徴するもの

このようなことを言い出すと、着物は面倒だと気持ちが離れてしまうかもしれません。今の生活には馴染まない面があるのも確かです。けれど、それでも「こういうものだ」と心を寄り添わせ、着物を纏《まと》っていただきたいのです。

全身がやわらかな絹で覆われる、何とも言えない肌感覚は、自分の中に眠っていた日本の心を呼び覚ますようです。着物を着ただけで淑《しと》やかに振る舞いたくなるのは、そのせいもあるのでしょう。

着物についての知識は、インターネットでもたくさん出ていますので、ぜひお調べになってみてください。種類からコーディネートの基本、立ち居振る舞いまで、たいていのことが網羅されています。

もうすでに着物に挑戦され、これからご自分の着物を仕立てようとしている方もいらっしゃるかもしれません。初めて着物を仕立てるとなると、華やかな色や柄行きのものに目が行ってしまいますが、そうしたものは、案外、早々と飽きてしまうのです。

「色も柄行きも飽きのこないのが一番ですからね」

祖母も母も同じことを言っていましたが、私は「たまには」と少し派手なものを選んだことがありました。結構最近の話です。そして、失敗しました。まだ仕立てていないのですが、反物を眺めているだけで飽きてしまったのです。

「ほらご覧なさい」

という祖母の顔が目に浮かびます。

また、手元の着物でも頻繁に着るのは、やはり色も柄もシンプルなものなのです。染めの着物なら江戸小紋、織りの着物は結城紬や大島紬を着ることが大半です。いずれも無地に近いものなので、さまざまな帯が合わせやすくなります。あえて華やかな帯を持ってくると、ずいぶん印象も変わります。

シンプルで質の良いものを選んで、小物で変化をつけるという点では、洋服のコーディネートとまったく同じです。そう考えると、少しは敷居が低く感じられるのではないでしょうか。

最後に化繊《かせん》の着物についてです。近年は大雨になることも少なくないので、一枚は持っていると便利です。また、夏もかなり暑くなりましたので、やはり化繊があるといいでしょう。帰宅したら洗濯機のドライモードで洗い、風通しのいい室内に干しておけば、たちまち乾きます。

ただし、帯は化繊は避けたほうがよいと思います。絹の帯はキュッと締まりますが、化繊は緩んできやすいようなのです。

帯は武士の娘にとって魂のようなもの、操《みさお》を象徴するものでした。合戦《かっせん》など有事の際は寝る時も帯を締めていたといわれます。

ちなみに帯締めは、もともとは甲冑《かっちゅう》の紐でした。帯を締め、最後に帯締めをギュッと結ぶと、肝が据わったようになるのは、そのせいなのかもしれません。

武士の娘の美学　二十二

和歌は意味を知るより音を楽しんでごらんなさい

心で味わい、その世界に浸る

心を旅立たせてくれる和歌

初めて触れた和歌は小倉百人一首でした。十歳頃だったと思いますが、父が百人一首のカルタを買ってきてくれたのです（ちなみに今も持っています）。

それまで持っていたのは、いわゆる「いろはかるた」というものです。取り札には絵と五十音から一語が示され、読み札には「犬も歩けば棒に当たる」など、ことわざや句が書いてあるものです。

それからすると、百人一首のカルタはずいぶん変わっていました。

読み札に絵が描いてあり、取り札には文字が書いてある。しかも下の句しかない！

この形式に、私は何か大人っぽいものを感じ、たちまち夢中になりました。

読み札の歌には、丁寧にふりがながありましたので漢字がわからずとも読むことができます。読み札を卓の上に積み上げ、崩さないように一枚ずつ手にとっては読み、読んだ札は箱に戻していく。そんな単純な遊びを飽きることなくしたものでした。

君がためはるの野に出でて若菜つむ　わが衣手にゆきはふりつつ（光孝天皇）

もろともにあはれと思へ山櫻　花より外にしる人もなし（前大僧正行尊）

月見れば千々に物こそ悲しけれ　わが身一つの秋にはあらねど（大江千里）

「よく読めること」と、祖母が感心するので、ますます得意になって読み上げます。そこにどういう意味があるのかは、あまり考えませんでした。

やがて節をつけて読むことを教えられ音楽のように楽しむようにもなりました。リズムと音、韻を踏む流れの美しさの中に浸っているのは、実に心地よいものです。

それに、意味はわからずとも光景が目に浮かびます。若き光孝《こうこう》天皇が若菜を摘《つ》もうと出かけた野、吐く息が白いと思ったら、雪が降り始め、そのお衣に次々と雪片が落ちてくる……。

和歌を読むと、まず光景が浮かぶのは、「ただ声に出して読む」「節をつけて音を楽しむ」という経験によるものにちがいありません。私にとって和歌は学問ではなく、いにしえの人々がさまざまな想いを抱いて佇《たたず》んだその世界へ、心を旅立たせるものだったのです。今も基本的には変わりませんが、時々、意味などを調べると「そういうことだったのか」と、なおいっそう親しみがわいてきます。

百読おのずから其の意を解す

江戸時代、寺子屋では素読《そどく》が行われましたが、その意味するところは教えられなかったようです。どうしてこのような教育が行われていたのか、その謎を解く鍵が杉本鉞子《えつこ》の『武士の娘』（ちくま文庫）にあります。

鉞子は月に二回、師匠から素読の手ほどきを受けました。床《とこ》の間には孔子のお軸をかけたとあるので、教本《きょうほん》は『論語』だったのでしょう。

時おり鉞子が意味を尋ねても、お師匠さまは「よく考えていれば、自然に言葉がほぐれて意味がわかってまいります」「百読《ひゃくどく》おのずから其《そ》の意を解《かい》す（繰り返し読んでいるうちに、だんだんと意味がわかってくる）」などと取り合ってくれなかったそうです。

それどころか、「まだまだ幼いのだから、この書の深い意味を理解しようとするのは分が過ぎている」とさえたしなめられたというのです。

真の学びは、すべからく人生に活かすことができます。同時に、人生に活かされなかったとすれば、それは単なる知識で終わってしまい、真の学びにはなり得ません。

かつての日本の教育は、知識として理解することよりも、人生経験を積む中から体得することを真の学びとしていたのでしょう。

その時々の心情を詠《よ》んだ和歌は、感性に訴えかけてくるものです。繰り返し味わっていると、昔も今も、人の心の動きというのは、さして変わらぬものだということがわかってきます。すると、生きていくうえで避けようのない悲しみや切なさを、せめても和歌に託したいにしえの人々が、時を経て思いがけず寄り添ってくれるのです。

解説ありきで和歌に親しんできた人は違和感があるかもしれませんが、時には何も考えず、心で感じ、心を遊ばせる、そんな楽しみ方をしてみるのもよいものです。

絵でも書でも器でも、まずはじっと眺めることです

頭で考えるより心で感じる

美しいと思うその理由を探す

去年の秋、熱海のMOA美術館で、美術鑑賞セミナーを行う機会がありました。ちょうど仁清展が開催されていたことから、まずは岡倉覚三の『茶の本』を題材にセミナールームで講義を行い、その後、各自で展示を鑑賞するといった内容にしたのです。参加者は二十代が中心で、中には大学生も数人いました。日常生活の大半の時間はネットの世界に費やされ、生身の人間同士の交流は極めて少ない。美術館は学校見学で訪

れたくらいで、自分から来たことはない。そのような若者たちなのです。

そんな彼らに対して、私はむしろ大きな可能性を感じて、実に楽しい気持ちになりました。そして、「美術館に来たことがない」「芸術文化と言われてもよくわからない」と戸惑っている彼らに対して、こう伝えたのです。

「これから展示を観に行きますが、作品に添えられている解説は、いっさい読まないようにしましょう。作品につけられた名前くらいは見てもいいけれど、それも憶える必要はありません。忘れてしまって結構です。そして、ひたすら目の前にある作品を眺めてみてください。そうしながら、どんなふうに感じるか、感じるままに受け止めてほしいのです。たとえば、その作品をまったく美しく思えなかったら、無理に美しいと思わなくていいのです。美しいと思えないのに、なぜ美術品として高く評価されているのか、疑問に思いますね？　そうしたら、その疑問を、疑問に感じたことそのものをちゃんと憶えておいてください。美しいと思ったら、なぜ自分はこの作品を美しいと感じるのか、その理由を探してみてください。もし見つかったら、誰が何と言おうと、その作品の価値は、あなたが美しいと思ったその理由が基準になるのです。それが、あなたと作品の関係になっていきます」

実は、セミナールームで私がこのようなことを堂々と言ってのけた後、学芸員の方から展示品についての事前説明があったのです。学芸員の方としては、作品について解説するのが役割ですから、それをしないわけにはいかないのですが、何しろ私が「解説は読むな」などとやってしまったものですから、ずいぶん話しづらそうでした。それでも、「実は石川先生とまったく同じことを仰った方がいます」とお話しくださいました。それは、ある現代美術作家の大家でした。特別企画で中学生に講義をした際に、解説などで知ることより、見て感じることの重要さを説いたそうです。

遠くからボーッと眺める。近くからじっと見つめてみる。時には膝を折るなどして、異なる角度から鑑賞してみる。

展示品は触れることができないので、せめてこのようにしてしげしげと眺めます。ただし、あくまで美術館では人の邪魔にならないように配慮しながら、です。

作者と、自分自身と対話する

こうした鑑賞の仕方は知らないうちに身についていたものですが、その原点を辿っていくと、祖母が庭木を眺めていた姿に行き着きます。あるいは、お気に入りの茶碗などを手にとって、飽かず眺めていることもありました。昔の写真をじっと見ていたり、届いた絵はがきをしげしげと眺めたり……。

私は、いったいそこに何があるのだろう？　祖母は何を見ているのだろう？　と、謎を解くような気持ちで同じように眺めるのです。

「このお茶碗はどんなに見ても見飽きない。ずいぶんいい色になってきた」

時にはそんなふうに言うこともありました。見てきたからこそわかる、極めて微妙な変化をとらえているのです。

それを思えば、本当は見るだけでなく、触れて使って、初めて物の良さがわかるようになるのでしょう。つまり物を五感で感じるということです。

和歌と同じく、美術品についての解説がおもしろくないわけではなく、むしろ知れば知るほど楽しくなります。けれど一方で知識としてのおもしろさに傾倒しすぎると、わかったような気になってしまいかねません。

私はこの、「わかった気になる」というのが、何よりいやなのです。それで、うんちくはできるだけ斥けて、絵画も器も書も、そのものを素直に見るようにしているのです。

やがて、その器なり書なりを通じて、その背景にある世界観のようなものがおぼろげながら見えてきます。

それは作者との対話でもあり、自分自身との対話でもあるのです。

武士の娘の美学　二十四

察するということが大事ですよ

茶杓に込められた師の想い

「今、自分にできることは何か」を問う

『女子の教養』では「言われなくても自分から動く、気はしのきく人におなりなさい」という教えについて述べました。

これはつまるところ「察しなさい」ということなのです。詳しくは同書に譲りますが、最初は「言われたらすぐなさい」から始まり、それができるようになると、今度は「言われなくてもなさい」になるのでした。こうして段階を踏んで、察する能力を身につけ

ていくのです。

もっとも、察して動くと、時にはとんでもなくちぐはぐなこともしてしまいます。よかれと思って言ったことや行ったことが、逆に相手を不快にしてしまったり。けれど、そうした苦い経験のほうが、むしろ役に立ちました。

いつだったか、祖母にこんなことを言われたことがあります。

「今、自分にできることは何か、いつもそういう想いを心の中に置いておけば大丈夫。働くという字は人のために動くと書くでしょう。人のために動いたことが、自分のためにもなる。家のことでも、お仕事でもおんなじ。自分から動ける、気はしのきく人になりなさい」

うまくいったり、いかなかったりということを繰り返しながら、察する力は鍛えられていくものなのでしょう。察する力が際立っていくと、時にどれだけ言葉を費《つい》やしたところでまったく足りないほどの想いや願いを表現することができるようになっていきます。

自分の気持ちを察してくれたと感じられる言葉を相手から投げかけられると、実に心あたたまる想いがするものです。

万感の想いは言葉にできない

一方、あえて言葉にせず、何か物を用いるなどして伝えようとする方法もあります。相手が、無言のうちに何を伝えようとしたのかがわかった時には、言葉で伝えられた場合よりも、さらに深く心を打たれます。今年はじめ、お茶の初稽古の際に、私はそんな経験をしました。

その日のお稽古は私を含め二人だけでした。まずは先輩が、亭主としてお点前《てまえ》をしてくださいました。お点前の終わりには棗《なつめ》や茶《ちゃ》杓《しゃく》など、道具を見せていただく「拝見」があります。その際、正客は棗の塗りや、茶杓の作者や御銘について亭主に尋ねます。

お茶杓の御銘は、その月ごとにふさわしいものを自分で名付けます。たとえば、九月なら「白露」「月の雫」など。この時は一月でしたから、私は「幾千代」「高砂」などの御銘をあらかじめ用意してお稽古に臨みました。

ところが、すでに御銘がついている茶杓が用意されていたのです。それでも、「お茶勺の御銘は」と尋ねることには変わりありません。

「おもかげでございます」

そう答えが返ってきた時、私は少し不思議な感じを抱きました。お正月なのに「おもかげ」というのは、何を意味しているのだろう……と、測りかねたのです。そこで、「なぜ、おもかげという御銘のお茶杓をご用意くださったのですか」と素直に尋ねてみました。

「昨年、お母さまを亡くされたとのこと、今年はおめでたいというよりは、亡きお母さまの面影を偲ばれるお正月ではなかったかと拝察いたします。そのようなわけで、このお茶杓を選びました」

私は、はっとする思いで、あらためて「おもかげ」と銘のつけられた茶杓を見ました。ほっそりとしてやさしく、どこか儚げな感じのするお茶杓です。

ご用意くださったのは、先生に他なりません。私をいたわる師の想いに打たれ、不覚にも涙がこぼれそうになりました。

「お心遣い、誠にありがとう存じます」

震える声でやっと言い、畳に額がつくほど深くお辞儀をしました。

察する心が極まると、限りなく愛に近づくのでしょう。何十年と茶の湯の稽古を積んでこられた先生に、祖母の姿が重なりました。

第四章

品格に拡がりを
よきご縁を結び育てる

波長の合う人同士が引き合う

人生は「ご縁が織りなしていくもの」ということができます。

どのようなご縁をいただくかによって、この人生は、時として大きく変わっていくことでしょう。

ゆえに昔から人々は、よきご縁に恵まれるようにと願い祈ってきたのです。

よきご縁とは、「良き＝優れている（あるいは、優しくなれる）」ご縁、「善き＝善なる」ご縁、「佳《よ》き＝整っていてすっきりとした」ご縁、「好き＝好ましい」ご縁ということができます。そのご縁をいただいたことによって、自分自身の心や魂が、優しさを増し、善良になり、すっきりと美しく整い、好ましいものとなっていく。これが「よきご縁」というものでしょう。簡単に言えば人間性が磨かれていくのです。

そうして自分が磨かれていった時には、相手もやはり磨かれるものです。人と人との関係は、一方向ということはありえないからです。

ご縁を結んだ者同士が、親交を深めていくほどに互いに磨かれ輝きを増していく。これほど豊かな関係があるでしょうか。おのずから品格をあげることにも繋がるでしょう。

前章までは、もっぱら自分自身と向き合うことが主題でした。そのため、ふだんの暮らし方や、感性の磨き方について、できるだけ具体的に触れた次第です。

こうしたことに重きを置くのは、よきご縁を結ぶためでもあります。ご縁とは「波長の合う人同士が引き合う」ということでしょう。明るい波動を有する人は、明るい波動の人と波長が合う……といったように。そのため、ふだんの暮らしを整えることで自分の波動を整え、感性を磨きながら美しい波動、優しい波動、明るい波動、朗らかな波動にしていくことが大事になってくるのです。

本章では、そうして整えた自分自身を、人間関係の中でどのように表現していくのかを述べていくことといたします。

ご縁はちゃんと用意されているもののようですよ

自分を磨くほど出逢いのステージが上がる

ご先祖さまによるお導き

自分の格が上がると、出逢う人の格も上がる。

あまり好ましい言葉ではありませんが、「ステージが上がる」とか「レベルが上がる」とも表現できます。

なんだか傲慢な感じを受けるかもしれませんが、これが私の正直な実感なのです。

ひとつ注意していただきたいのは、「出逢う人のレベル」とは、必ずしも社会的地位の高い人とか、大富豪と称されるような人というわけではありません。

ただ、立場が人をつくるともいわれるように、責任ある地位に就かれた経験のある方、あるいは今なおそうである方は、やはり品格の高い人が少なくありません。公に対して責任を果たしていくうえでは、どうしてもそうなっていかざるを得ないためでしょう。

私が思う品格のある人とは、お話ししていると、しみじみとした優しさが心の中に拡がり、あたたかい気持ちになる、そんな人です。

また、聞きかじったことをそのまま喋るのではなく、自分の心の奥深くに一度落とし込み、それから自分自身の言葉で語るだけの教養がある人。そのような人とは、いくら話しても尽きることがありません。話が尽きないのは、語り合うそばから、さらに話が発展し、新たな発見さえもあるからです。

そして、人を年齢や肩書で見ない人。ここはかなり重要です。表層的なところにとらわれてしまうと、そのフィルターを通して話を受け取るようになります。私の知る限り、ほんとうに人格者といえる人は、そのような見方をまずしません。

私からすれば「雲の上の人」という他ない方からお手紙をいただいたことがあります

が、その丁寧さ、謙虚さには、実に恐れ入ったものでした。まさに恐縮至極《きょうしゅくしごく》とはこのことです。そして、その文面の優しさ、私に対する心遣いに、よりいっそうその方に対する敬意を抱くようになりました。

昔から「実るほど頭《こうべ》を垂《た》れる稲穂《いなほ》かな」と言い習わされてきたものですが、その通りの人というのは、そう多くはありません。ゆえに、巡り会うこともなかなかできないものです。

それだけに、「まさかこのような人と」と思えるほどのご縁をいただいた時、私はご先祖さまの存在をはっきりと感じます。私一人の努力では絶対にあり得ないとしか思えないのです。謙遜しているのではなく、そもそもご縁とは、現世における自分の努力と、その努力の度合いに応じた天の計らいによってもたらされるものにちがいありません。そして、天の計らいとは、ご先祖さまによる何らかのお働きによって実行されるものなのでしょう。

人智をはるかに超えたもの

昔は結婚する人とは、目には見えない赤い糸で結ばれていると信じられていました。昔話の中にも出てくる話です。私が「運命の赤い糸」に興味を抱くと、祖母は言ったものでした。

「実際にご縁というのは用意されているもののようですよ」

祖母は幼い頃に片目を怪我《けが》により失ったため、祖母自身も周囲も、もはや結婚はできないと思い込んでいました。ところが、それでも縁談がもたらされ、結婚するに至ったのです。「ご縁は用意されている」という言葉には、祖母の実感が込められていたのでしょう。そして、諦めていたこと、ありえないと思っていたご縁をいただいただけに、「ご先祖さまのおかげ」と深く感謝しただろうことは容易に想像がつきます。

用意されているご縁には、さまざまなものがあるのでしょう。中には望ましいとは思えないご縁もきっとあるはずです。

私は、それも必要なご縁なのだろうと受け止めています。嫌なご縁だとか、とんでもないご縁だとか思うのは、私たちが人智によってそう判断しているだけのことなのです。神さまのシナリオとか天の意というものは人智を遥かに超えたものであり、たとえ好ましくないと思えるご縁でも、おそらくは成長のために、あえて与えられているのではないでしょうか。

後になってみると、よくわかります。素晴らしい人とのご縁はもちろん、「なぜ?」と思えるようなご縁も、私を成長させてくれました。そして、ある時点からは、不思議なくらいありがたいとしか思えないご縁ばかりをいただくようになった気がします。

望ましくないご縁でも、不服をあからさまにせず、それはそれとして誠実に向き合うところに鍵がありそうです。

武士の娘の美学　二十六

何といっても肝心なのはご挨拶です

良縁を紡ぐ心あるご挨拶を

「相」に刻まれていくもの

私たちは一生のうちに、どれだけ挨拶をするのでしょうか。初対面でも、しょっちゅう顔を合わせる人とでも、とにかく始まりは挨拶です。

初めて出逢った人と挨拶を交わすときは、誰でも気をつけるものでしょう。その出逢いが発展するかどうかは、出逢いの瞬間にほぼ決まるからです。

「人は見かけによらない」ともいわれますが、たぶん九九%の人が無意識のうちに見た目で判断しているはずです。「見かけによらず」という言葉が出てくるのは、よほど話し合ってからのことでしょう。

ある程度年齢を重ね、人生経験も豊富になると、ますます見た目で判断する傾向は強くなってきます。それまでの経験により、直感も鋭くなっているためです。よく「三十歳を過ぎたら自分の顔に責任を持て」といわれますが、生まれて三十年もすれば、もともとのつくりがどうであれ、積み重ねてきたことが、否応なしに「その人の顔」として表れてくるものです。『女子の教養』では「いつでも佳いお顔をしていなさい」という表情の躾について触れましたが、そうしたふだんの表情そのものや、朗らかでいるための小さな努力が、やがては「相《そう》」として刻まれていくためでもあるからです。

挨拶を交わす際には、顔はもちろん相手の姿全体を捉えます。武士が表情や身繕い、立ち居振る舞いにまで細心の注意を払っていたのは、この瞬間に相手は自分を判断するとわかっていたためでしょう。

ともあれ、ここでは見た目は整っているという前提で、挨拶について話を進めましょう。

初対面で注意すべきこと

第一章で、部屋に入る際は「自分が場の雰囲気をつくる」ということを述べましたが、挨拶についても同じことがいえます。誰にとっても好ましい雰囲気とは、明るく爽やかで快活な様子でしょう。表情はもちろん、挨拶をする際の声の調子にも気をつけたいものです。特に声は顔（相・表情）と同じくらい感覚に訴えかけてきます。コツは、お腹から出すように意識することです。

言葉遣いについては丁寧にするのはもちろんですが、問題は、「初めまして、〇〇と申します」と名乗った後に、どのようなことを申し述べるかです。ここで長々と自己紹介のようなことが始まらないようにしたいものです。というのも、初対面でのご挨拶が、立って行われる場合が多いからです。自分が何者であるかを伝えておかないと失礼になると考えたうえでのことだとわかるのですが、話が続く以上、座るわけにもいかず、立ったままの状態となってしまいます。これは相手に対して思いやりがあるとはいえません。「立ち話」は、畳が当たり前だった生活では失礼に当たりました。話すときは、まず座る、というのが正しい礼儀だったのです。

まずは名を名乗ったうえで、「本日はこのようなお時間を賜りありがとうございます」などと簡単にお礼を申し上げるだけにしておきたいものです。それに、約束をしてお目にかかっているのであれば、自己紹介などせずとも承知のうえなわけですから、相手から問われたら答える程度でもいいくらいです。また、本題に入る前には、手紙でいえば時候の挨拶のようなものが欲しいものです。かつては「口上《こうじょう》」や「世辞《せじ》」といって、季節ごとや訪問の内容（お祝いや法事など）に応じて使われる決まり文句のようなものがありました。今はそこまで堅苦しくする必要はありませんが、「ようやくしのぎやすくなってまいりましたが、お元気でお過ごしでしたでしょうか」くらいのことは述べてもいいと思いますし、相手によっては、「○○さまにおかれましては大変ご活躍のご様子と拝察いたし、何よりのことと存じます」と、少しかしこまってもよいでしょう。

幼い頃、お客さまがいらした時は、「ちゃんとご挨拶しておいで」「何といっても肝心なのはご挨拶ですよ」などと、繰り返し言われたものでした。

祖母は私が失礼なことをしまいかと、ヒヤヒヤしていたのです。おかげで、たぶんこれまでのところは、なんとか無難に過ぎ越すことができているようです。

武士の娘の美学　二十七

黙っている時にこそ人柄が感じられるものです

心地よい会話の秘訣は「間」にある

話は全身で聞くもの

この人と話していると、何ともいえず心地よい。

そう感じる人は、おしなべて「間《ま》」を心得ている人です。

相づちをうつタイミング、話の内容を吟味するような様子で黙るわずかな時間、話題を変える際の自然な切り替え方。これらは対話における「間」ということができるでしょう。

あるいは、自分の意見を述べる場合の、相手の心に踏み込みすぎないように配慮する絶妙な距離感なども、「間」です。「間合い」というと、もっとわかりやすいかもしれません。

その一方で、何度も同時に話し出してしまったり、沈黙が居心地悪いこともあります。まさに間が悪いのです。最も好ましくないのは、一方が話し終わる前に、もう一方が遮るように話し始めてしまうことです。テレビや動画の討論番組などで当たり前に見られる光景ですが、恐らく祖母なら「立派な肩書を持つ人たちが、なんて品のないことでしょう」とひとこと言って、チャンネルを変えてしまうにちがいありません。

「人柄というのは、黙っている時のほうがよくわかるものですよ」

こんなことを言われたことがありました。私があまりにおしゃべりなので、それとなくたしなめたのです。自分のおしゃべりに夢中になっていて、相手の話を聞くのがおろそかになるのは、いくつになろうと褒められたものではありません。

「話は全身で聞くものです」

そう教えられたものですが、それは「間を大切にしなさい」ということをも意味していたのです。

相手の話を聞く時には、寄り添う気持ちがありたいものです。もしも意見が食い違ったなら、歩み寄る努力が欲しいところです。どれくらい近づいていいか、どこまで歩み寄ればいいか、あくまで感覚的なものであり、しかも相手あってのことですから、「間」を心得るのは簡単ではありません。

けれど、仮に行き違うようなことがあったとしても、相手に対する敬意があれば、次第に距離感を掴《つか》めるようになり、絶妙な間を心得るようになっていきます。

相手により会話の内容やしゃべり方が変わるように、間の取り方も変わりますから、マニュアルやノウハウなどは通用しません。でも、そもそもそれが人間同士の関わり合いというものではないでしょうか。

論争は決してすべきでない

昨今は、こうした人間関係を煩《わずら》わしいと感じている人もずいぶん増えてきているようです。そのような人は得てしてインターネットの世界での交流に偏《かたよ》りがちのようですが、私はインターネット上での交流においても「間」が必要だと考えています。

面と向かっての対話なら、言葉だけでなく表情やしぐさ、話す時の声の調子など、全身を使って相手に伝えようとすることができます。しかし、SNSの場合、もっぱら言葉だけが頼りです。オンラインでの対話であっても、やはり実際に会って話すのと同じようにはいきません。

こうしたことを踏まえれば、かなりの配慮が必要になってくるはずなのです。しかし、一般的にはインターネットだと妙に気安くなったり、大胆になったりするようです。面と向かってなら、決して言わないようなことだったとしても、投稿やコメントなら書けてしまうのは、画面の向こうに人がいることを、頭でわかっていても実感し難いからでしょう。

すでに誹謗中傷《ひぼうちゅうしょう》が深刻な事件へと発展するような状況が多発していますが、インターネットにおける「間」というものを意識しない限り増え続けていくことが予想されます。

私自身は、投稿はもちろんコメントでも、堅苦しくなりすぎないように注意しつつ、丁寧な言葉を使うようにしています。コメントに対する返信は、「ありがとうございます」で始まることがほとんどです。滅多にありませんが、明らかに否定的なことを書かれた際も、まず「貴重なご意見ありがとうございます」と返します。論争のようなものは、最初からすべきではないとしか思っていません。

インターネットを利用するようになって、かれこれ二十年あまりになりますが、トラブルを経験したことがないので、このような姿勢はそれなりに有効なのでしょう。

武士の娘の美学　二十八

人のことを決して否定するものではありません

聖徳太子も説いた「和」の実践

和を実現するうえで大切なこと

　否定的なことを言われた場合でも、決して反論したり、間違っても論争のようなことをしないのは、どんな理由があるにせよ「絶対に他者を否定しない」と心に固く決めているからです。

「武士道はなぜ究極の平和主義なのか」「そもそも和とは何か」ということを探究するうちに、聖徳太子の十七条憲法をあらためて学びなおしたことがきっかけです。

誰もが知る第一条の「和を以て尊しと為す」は、聖徳太子の勇気ある偉大な宣言です。「和らぎ」という言葉が国内外に向けて公的に示された最初でした。この時に日本国のあり方、日本人の精神は決定づけられたといっていいでしょう。

第二条からは、そのためにはどのような行いが望ましいのか、具体的かつ実践的に説かれていきます。いずれも和を実現するうえでは大切な教えばかりですが、なかでも第十条は非常に大切なことが書かれています。その内容をざっと説明すると、以下のようになります。

他の人が自分と意見が違っても怒ってはならない。人はそれぞれに考えがある。相手が良いと思っても自分はよくないと思い、自分がこれぞと思っても相手にとってはそうではないものだ。自分が聖人で、相手が愚か者というわけではなく皆ともに凡人なのだ。正しいとか間違っているとか定められるものではない。お互い、賢くもあり愚かでもあるのだ。相手が憤っていたら、むしろ自分に間違いがあるのではないかと省みなさい。自分は正しいと思っても、人々の意見を聞き、協調しなさい。（著者意訳）

なんと素晴らしい教えかと深く感動すると共に、祖母が誰かを否定することが決してなかったことを想い出しました。それは、父にしてもまったく同じでした。私は「おばあちゃん子」であると同時に「おとうさん子」なのですが、祖母と同じく絶対の信頼を寄せていた父からも、否定的な話を聞いたことがありません。むしろ私のほうが、「こんなことはダメだ」とか「あの人はよくない」などといったことを言っていたくらいです。特に十代後半から二十代の頃はひどく、否定的なことや反対することが自分の意見を主張していることだと勘違いしていました。

「人のことをやたらと否定するものではないよ」

父が静かに言ったことがありましたが、それはそのまま祖母の言葉でもあったのでしょう。斜に構えて否定することで賢くなったような気になっていたあの頃の自分が、今さらながら恥ずかしくなります。

人から否定された時には

「相手が憤《いきどお》っていたら、むしろ自分に間違いがあるのではないかと省みる」ということにしてもそうです。私にとっては「祖母の教え」でしたが、聖徳太子の憲法にまで書かれていたのです。

そのようなわけで、今も批判したり否定したりということがないように、常に自分を見張っています。

ところが、気をつけていても、ついうっかり否定的なことが口をついて出てしまうことがあります。そういう時は「何が正しいとか間違っているとか、決められるものではない」と自分に言い聞かせます。

一方、人から否定された時には、それは一つの意見として承《うけたまわ》っています。自分と違う考え方だとしても、それがその人の考えなのですから、ただそのまま「そういう考え方もあるのですね」と承ればいいだけのことなのです。むしろ「自分には考えつかないことを教えてもらった」と思うようにすると、ムッとしたりするようなこともなくなります。

誰かが別の誰かのことを否定しており、それについて同意を求められるようなことがあった場合は、「そうですねえ、どうなんでしょうね。それぞれ考えがありますからね……」などと、のらりくらりと煮え切らない答え方をします。

相手は不服にちがいありませんが、「太子さまの憲法にまで書かれていたおばあさんの教えなのだから」と心の中で念じて貫いていきます。同意しなかったからといって離れていくような相手なら、それまでのご縁だったのでしょう。

武士の娘の美学　二十九

無礼にならないためにも段取りが大事です

神社に参拝する時も神さまにアポを取る

後悔を先に活かす

「くれぐも失礼にならないように」

「返す返すも無礼にならないように注意なさい」

人との関係における祖母の教えは、これに尽きます。とにかく相手に対して失礼のないよう万事気をつけるのです。慎重に過ぎるということは決してなく、むしろ「どんなに配慮しても至らないものだ」と心得るくらいでちょうどよいのでしょう。

実際、後で反省することばかりです。失礼や失態をしながら、その都度《つど》改善を度重ねていくことで、ようやくある程度の礼を表すことができるようになっていくものかもしれません。「後悔先に立たず」ではなく「後悔先に活《い》かす」というわけです。

「失礼なことをしてしまったな」と思う度に、私は「無礼は無粋」と自分に言い聞かせ、「次はこんなふうにしてみよう」と想像力を膨らませます。その時、楽しい気持ちを抱くのがコツです。「失敗という名の泥の中から立ち上がりました」とでもいうような重たい波動が染みついてしまうのを避けるためです。相手を楽しませるためには、まずは自分が楽しい気分になることが先決ですが、それは相手に会う前から始まっているというわけです。

さて、ここからは失礼にならないための基本的な心がけを具体的に挙げていくこととしましょう。ごく簡単なところで述べますので、詳しくはマナーやお作法の本などを参考にされてください。

まずは訪問についてです。何ごとも段取りといいますが、訪問に際しても、まずは段取りです。あまりにも当然すぎることですが、訪問の際は、事前に問い合わせて約束をしてからにしましょう。突然の訪問は誰でも困るものです。

ごく親しい間柄で、どうしても急を要する場合を除いて、「あり得ない（あってはならない）」ことだと心得ておきましょう。昔は急な訪問は、縁起《えんぎ》の悪いことさえされる向きがありました。なぜなら、約束もなしに突然人が来たり連絡があるのは、身近な人の死くらいだったからです。

日程は、あくまで相手の都合を優先します。「いつでも結構です」とのお返事なら、「今月中で」とか「〇日から〇日の間で」など、いくつか候補を挙げたうえで選んでいただきましょう。明らかに多忙な人だとわかっている場合は、訪問できるのは数カ月先になることもあると心得て前々から連絡を取るといいと思います。

「ドタキャン」は無礼の極み

ところで、神社を参拝される際、事前に連絡はされていますか？

いえいえ、神社の人に参拝の連絡を取るのではないのです。神さまに「これから参拝にまいります」とお知らせするのです。

これは山蔭流創生神楽の第八十代宗家の山蔭員英《かずふさ》氏から伺ったことです。一般的には日本創世神楽連合会会長の表博耀《ひろあき》氏として名が通っているため、「表先生」と呼ばせていただいています。その表先生が仰ったのが「神社にお詣りするときも神さまにアポを取るように」ということでした。

「誰かと会う時にはアポを取るのに、相手が神さまだというのにアポもなくいきなり神社に行くなんて、無礼だと思いませんか？　ちゃんとまず家で神棚に参拝して、これから詣でます、と言わなければなりません（実際はべたべたの関西弁です）」

目から鱗《うろこ》とはこのことです。神仏に真心を尽くしているつもりでいましたが、これまでずいぶん失礼なことをしてきてしまったと反省しきりでした。

それからというもの、まずは神棚で手を合わせ、これから伺おうとする神社でお祀りされている神さまを想いながら、どうぞよろしくとお願いするようになりました。神棚がなくても、神棚に見立てたものがあれば、そこでお詣りするとよいとのことです。

絶対にしてはいけないこととしては、土壇場のキャンセル、いわゆる「ドタキャン」です。携帯電話が普及した現在は、いつでもどこでも相手と連絡をとることができます。

当日でも、約束の時間の直前でも連絡するのはたやすいのです。

けれど、だからといって直前で約束を反故《ほご》にするのは、よほどのことがない限り避けなければなりません。当日のみならず、その日に向けて相手はさまざまな準備をしているものです。それを思えば、どれほど無礼に当たるか想像がつきますね。

キャンセルしなければならない場合は、せめて三日前までに知らせるようにしましょう。

武士の娘の美学　三十

気持ちの良い時間を過ごすには心遣いひとつです

つい忘れがちな基本的な心得

訪問の心得

訪問の際の基本的な心得について、いくつかお伝えしましょう。これらはあくまで基本であり、その場に応じて臨機応変に対応するのが大前提ということを忘れずに。

◆訪問時間は個人宅、仕事の場合で異なる

まずは実際の訪問時間、つまり「チャイムを鳴らす時間」です。これは個人宅の訪問と、会社など仕事先の訪問とで異なります。

個人宅の場合は、約束の時間ちょうどか、数分過ぎてからがいいとされます。訪問先の相手は、お茶やお菓子の準備をしている場合がほとんどだからです。約束の時間をわずかに過ぎたとしても、「お気遣いくださったのだ」とわかります。ただし、十分以上過ぎてしまうと、どうしたのかと心配になってきますので、五分過ぎまでを基準にするとよさそうです。

仕事での訪問は、少なくとも五分前には受付ができるようにしておきたいものです。大きなオフィスなら十分前でもよいでしょう。受付を済ませて、訪問先の部屋に辿り着くまでには、優《ゆう》に十分はかかる場合があるからです。

個人宅・会社問わず、手袋やマフラー、コートなどの上着は外で脱ぐのが基本です。退出の際も外で着るようにしますが、「お寒いですから、どうぞここでお召しください」と言われたら、一言お礼を言って身支度をします。

◆手土産を渡すタイミング

手土産はアイスクリームなど冷蔵品は玄関に入ってすぐに渡します。それ以外なら、お部屋に通していただいて、お茶の準備が出来たあたりで渡すほうが、相手も落ち着いて受け取ることができます。

お渡しする時は、必ず箱を紙袋から出して渡します。紙袋は持ち帰るのが最善ですが、そんなにかしこまる必要のない場合がほとんどなので、後からお渡ししてもいいと思います。

その際、「つまらない物ですが」とか「ほんのお口よごしですが」「心ばかりですが」といった言葉を添えるのが日本の伝統です。時々「外国では通用しない」と仰る方もいますが、この日本ならではの細やかな心遣い、機微《きび》に富むあり方を私は大切にしたいと思います。

心を込めて選んだ物ですから、つまらない物であるわけがないのです。それをあえて「つまらないもの」とするのは、「あなたさまのような素晴らしいお方に相応しいものをと思うのですが、どんなに立派な物であっても、あなたさまと同等になるような物にはなり得ません。せめてもの物を私なりに選びましたので、私の気持ちをお酌み取りいただけたら幸いです」という想いが込められているのです。

相手に対して心からの敬意を示す、とても美しい言葉だと思いませんか？

もちろん親しい人には、「あなたに絶対これを味わっていただきたくて」「以前、お好きだって仰っていたから」と、率直《そっちょく》な気持ちを伝えても喜ばれるものです。

また、手土産を手渡す際などに退出の時間を伝えておくと親切です。相手もそのつもりで話を進めたり、もてなしの段取りを見直したりできるからです。

注意したいのは、長居することです。相手が「今日はできるだけゆっくりしていってください」とすすめた場合を除いて、どんなに長時間にわたっても二〜三時間が限度でしょうか。その場の状況によりけりですが、初めての訪問なら一時間以内、お茶会や気軽な会食などなら数時間程度と見ておくとよさそうです。

◆自分のハンカチを使う

訪問先で手を洗わせていただいた際には、自分のハンカチを使うのが基本です。これはコロナの感染が気に掛かる今、特に配慮したいことでもあります。訪問した際に、一言伝えて、まず石けんで手を洗い、うがいを済ませておくのが最善です。このことはお迎えする側も気をつけたいことなので、次項でお話しいたしましょう。

武士の娘の美学　三十一

お客さまの時は何より清潔を第一になさい

状況に応じて安心できる対策を

お迎えをする準備

実家は何かと来客が多く、訪問を受けない週はないといっていいほどでした。お掃除からもてなしの準備まで、母は大変だったと思います。せっかくお掃除したところを私が散らかしたりしないかと、かなり鋭く目を光らせていたものでした。

器やお座布団などは、すべてお客さま用のものが決まっていて、ふだん決して使うことはありません。使われていないのできれいなのですが、それでもなお一度すべて洗い直していました。

「お客さまに気持ちよくお過ごしいただくのが大事ですからね」

すっきりと清潔な空間は誰にとっても気持ちの良いものです。当時の我が家は昭和初期にできたという古びた家でしたので、よけいに気を使ったのだろうと思います。

恐らく、意識せずとも、ちゃんとこうしてお客さまをもてなす人が今も多いと思います。世界のレベルからしたら潔癖症とさえいわれそうな日本人の衛生観念は、長い歴史の中で培《つちか》われてきたものに他なりません。

今年（二〇二〇年）一月半ば、武漢以外で初めて新型コロナウイルスの感染者が日本において出ましたが、その後は諸外国とは比較にならない感染状況が続いています。もはや世界がいぶかしんでいるほどですが、日本人の衛生観念もパンデミックを防ぐ結果となっているのかもしれません。

感染を拡げないためには、一人ひとりの心がけが何より重要になってきますが、月に数回、自宅で勉強会を行っている私も、できる限り気を配るようにしています。

まず玄関先にウイルスや細菌を除去するスプレーと使い捨てのマスクを置いています。

お越しになった方には、まずスプレーをお使いいただき、必要に応じてマスクを差し上げます。

次に、荷物は仮置きしていただき、すぐに洗面所にご案内します。洗面所には、うがい薬と紙コップ、ペーパータオルを用意して、コップやタオルの使い回しがないようにしています。お部屋にお入りいただくのはそれからです。室内はウイルスを九九％以上除去する機能があるという空気清浄機を二十四時間つけたままにしています。

このような準備は、コロナが流行する前からある程度は行っていました。毎年、インフルエンザが猛威を振るうようになる前、十一月頃には感染予防対策の用意をして、お客さまをお迎えするようにしていたのです。インフルエンザの感染力はかなりのものがありますから、これくらいしていてちょうどいいのです。

おもてなしの配慮

もっとも、今は勉強会も九割はオンライン化してしまいました。二月半ば頃、三月に予定されていた講演やイベントが中止になったという連絡が相次いだ際、すぐにオンライン化の準備を始めたのです。受講生にもその旨お知らせし、必要な環境を整えていただき、「設定が難しい」という方のお手伝いもしました。

そのようなわけで三月からは、私自身が主宰する講座や勉強会は、すべてオンライン化に移行できたのです。結果的に一度も講座の予定をキャンセルせずに済みました。

今は打ち合わせや会議も、もっぱらオンラインです。今後、ますますオンライン化は進むことでしょう。それが当たり前の時代は目の前に来ていると思います。

そのような時代ともなれば、お人をお招きすることも次第に少なくなっていくのかもしれませんが、それでもいざという時のために、お客さまをお迎えする時の基本、もてなしの心は忘れずにいたいものです。

もてなしといえば、上質なお茶やお菓子、あるいはお料理を用意するのは楽しいものですが、まずは「いかに寛いでいただくか」ということに配慮したいものです。

私が心がけているのは、まず自分がゆったりとした気持ちでいることです。完璧なタイミングでお茶をお出しして、お菓子も老舗《しにせ》のものを用意して……などと必死でこだわってしまうより、ある程度、砕《くだ》けた様子になったとしても楽しいほうがいいと思っています。たとえばお茶を入れるにしても、湯を入れたポットとお茶、急須や茶器《ちゃき》などをテーブルに運んで、おしゃべりしながらお客さまの目の前で入れたりします。そんなふうにしていると、不思議に話も弾むようです。

もう一つ気をつけているのはお土産《みやげ》です。お持ち帰りいただくものは、軽くてかさばらないものを選ぶようにしています。どうしても重たくて大きなものである場合は、後からお礼かたがた送るようにします。

武士の娘の美学　三十二

お礼はできるだけ早くするのが大事です

メール、ショートメッセージ、手紙の使い分け

贈り物をいただいた時は

心豊かな時間を共にした方から、「ありがとう」のお便りをいただくのは実に嬉しいものです。楽しい時間は、あっという間に過ぎてしまいます。それだけに、お別れは常に名残《なごり》惜しいものです。

ということは、お別れが淋《さび》しいのは、実はとても幸せなことになりますね。

そんな幸せな時間を過ごすことができたことへの感謝と、またいつか会える日までお

互い無事でいましょうという祈りを込めてお手紙を書く時間は、これもまた豊かなひとときです。

お客さまがお帰りになってしばらくすると、祖母は文箱《ふばこ》から便せんを取り出して、万年筆でさらさらと手紙を書いていました。祖母のことなので、ごく簡単なものだったようです。けれど短い文面の中には、言葉以上の感謝が込められていたのでしょう。

特に晩年は足腰も弱くなり、自分からは出かけていくことができないため、家にお越しいただくことがもっぱら頼りとなりました。名残惜しい気持ちも、また会えますようにという祈りも、ひとしおでしたでしょう。

親しい間柄の場合は、相手が帰宅した際にお電話をくださることがほとんどでした。電話口で相好《そうごう》を崩していた祖母の顔が今も目に浮かびます。

お中元やお歳暮《せいぼ》など、贈り物をいただいた時も、まずお礼でした。

お中元やお歳暮が届くと、母はすぐに祖母のもとへ持っていき、「これをいただきました」とそのまま差し出します。祖母は包みに目をやり、丁寧に包装紙を外して中を確認すると、必ず同じことを言いました。

「すぐにお礼のご連絡をするようにね」

母が電話でお礼を述べ、一方、祖母はお礼状を書きました。送り主は母からお礼の電話を受けたのち、今度は祖母からお礼状を受け取ることになるのです。かつてはずいぶん丁寧だったのね、などと思いきや、これでも略式でした。そのため文末に「略儀ながら」と必ず書き添えるのが慣例だったのです。

電話をかけてよい時間帯

メールはもちろんショートメールなども可能になった今は、お礼を伝えるのも簡単で、しかも早くできるようになりました。

ただ、やはり略儀中の略儀ということになってしまうので、相手によっては失礼にあたります。それで私は段階を設けるようにしています。

まず、友人など極めて親しい人、つまりプライベートな関係の人に対してです。会食などを共にした際には、帰宅してから、あるいは帰宅の途中で、「今日はありがとう」とショートメールを送ります。そのうえで、その日のうちか翌朝に、あらためてメールを送ります。

仕事などを通じて仲良くなった公私半々といったような仲間には、帰宅してからメールを送ることがほとんどです。ショートメールは気軽すぎる感じがするのでいたしません。

目上の人などの場合は、帰宅したらできるだけその日のうちに手紙を書いて投函《とうかん》します。この場合は、メールは使いません。

贈り物をいただいた際も、だいたい同じです。気軽な相手にはメッセージ、少し気を使う相手にはメール、敬意を表したい相手にはお手紙です。

ただし、右はあくまでも基本であって、究極は相手によりけりです。

ついでながら、電話をかけることは、ずいぶん少なくなりました。お電話ではご迷惑をおかけするのではないかと心配になるからです。

今はあまり言われなくなってしまいましたが、電話をかけていい時間帯というものを、母からきっちり厳しく教え込まれました。それはもう、こんな調子です。

「朝九時前はかけてはダメ。どうしてもの場合は八時まで待ちなさい。急ぎでなければ十時過ぎ。それから十二時～午後一時もかけてはダメ。夕方五時から七時もダメ。つまり、お昼時とお夕飯時はダメなの。夜九時過ぎたら、もうかけてはダメ。どうしてもなら十時までよ」

ダメダメ尽くしですが、それなりに理に適っているのは確かです。今では、電話をかける際は、まずショートメールで話せるかどうか確認して、大丈夫ならかけるようにしています。

武士の娘の美学　三十三

袖触り合うも多生の縁といううことを忘れずに

小さなご縁を大切にすることがよきご縁を引き寄せる

起きることはすべて必然

「袖触《そでふ》り合うも多生《たしょう》の縁」ということわざがあります。

たとえ言葉を交わすようなことがなかったとしても、通りを歩いていてすれ違ったというだけの人であっても、それはご縁によるお導きだという意味です。祖母がたびたび「袖振り合うも多生の縁というからね」などと言っていたので、私も知らないうちにちょっとした口癖になっていました。

講演や取材などで旅に出ることが多くなった時、ふと、あらためて「多生の縁」ということを考えてみたことがあります。

旅といえば「旅の恥はかきすて」ということもいわれます。その場限りだと思って、慎むことを忘れて羽目《はめ》を外してしまうこと、そうしたあり方を恥じるべきだということを教えることわざです。

出かけた先で「旅の恥はかき捨て」といわんばかりに思いやりのない言動をとることは「袖振り合うも多生の縁」ということがまったく意識されないためでしょう。

どんなに小さなご縁であっても大切にしようという気持ちがあれば、たとえ二度と訪れることはないとわかっているような場所でも思いやりのある言動をとれるはずです。

こういうごく小さなご縁を大切にすることが、よきご縁を引き寄せる結果になるのではないか。

ふと、そんな気づきを得たのです。

私は、さまざまな経験を通して、起きることはすべて必然であり、天の采配《さいはい》によりもたらされるものだと心から信じているのですが、その大前提として、すべてに感謝することではないかと思っています。

どんなにささやかなご縁であっても大切に思い感謝することによって、天がそれを認め、まるでごほうびのように素敵なご縁を与えてくださるような気がするのです。

小さなご縁を大事にできない人が、その人が望むような素晴らしいご縁を与えてもらえるものでしょうか。小さなご縁を大事にできないのに、たとえば「仕事が発展するような大人物と出会いたい」とばかり望むのは、個人的な栄達《えいたつ》欲にばかり心がとらわれているのかもしれず、天がどれだけ応えてくれるでしょうか。

どんな縁もおろそかにしない

このことは、自分に都合のいい人には愛想良く振る舞い、そうではない人に対しては極めて素《そ》っ気《け》ない態度をとることと似ています。

祖母の真意はわかりませんが、もしかしたらこのような意味が込められていたのかもしれません。そのようなわけで、出かけた先でもできるだけ気持ちの良い振る舞いをするように心がけています。

これがなかなかよいのです。不思議なくらい旅が楽しくなるのです。

たとえば道ですれ違う人と目が合った時には、「こんにちは」と笑顔で挨拶をします。都心部のように忙しげにせかせかと歩く人も少ないですから、たいていは相手も笑顔で応じてくれます。

旅館やホテルなどでも、荷物を運んでくれたり、お茶を入れてくださったりするサービスを当たり前と受け止めず、「ありがとう」とお礼を言います。そんな時、とびきりの笑顔が返ってくることが多く、こちらも嬉しくなるのです。

私の場合、神社仏閣《ぶっかく》や博物館などを訪ねることがほとんどなのですが、受付の窓口では、まず「こんにちは」と挨拶をします。「すみません、大人一人」などと唐突に言うことはありません。

小さな寺院の庭で、「恐れ入ります、ちょっと教えてほしいのですが」と作務衣《さむえ》姿の方にお訊ねしたところ、思いがけずご住職さまで、様々なお話をお聞かせいただいたこともあります。すると共通の知人がいたりして、ビックリ仰天しました。そんなことから、その場限りのつもりでいたというのに、その後も続くご縁となったのです。

こうした経験をすると、どんなご縁もおろそかにはできないものだと、つくづく思われてきます。

武士の娘の美学　三十四

つかず離れずという間柄は、なかなかよいものです

人と人との関係にも季節がある

人間関係の春夏秋冬

ものすごく気の合う間柄だったのに、ある時からなんとなく疎遠になってしまうことがあります。幼なじみや親友同士の間、さらには兄弟姉妹の間でも、そうしたことがあるのではないでしょうか。

特に女性の場合は、結婚して家庭を持ち、子育てを通じて自然と地域に馴染んでいって……という過程を辿るうちに、大学時代の友人だとか、職場の仲間だとか、地元の幼

なじみといったような女友だちと、いつの間にか意識に違いが生じ、なんとなくちぐはぐになってしまうことがあるものです。

そういう時に、意思の疎通《そつう》を図ろうと思うあまり、自分の考えを懸命に伝えたり、同意を求めようとするのは、逆効果になってしまうかもしれません。よりいっそう気が合わなくなってしまい、嫌な気持ちを抱えたまま会わなくなってしまったという話をたびたび耳にします。

私自身、幼なじみと疎遠になっている状態ですが、それはそれとして流れに任せています。幼なじみと縁が切れたとは思っていませんし、いつか時が来れば、また仲良く語り合うこともあるかもしれないと受け止めています。

人の一生は季節にたとえられることがしばしばありますが、人と人の関係にも、やはり季節のようなものがあるのではないでしょうか。

出逢いは春のようですし、一緒にいるのがひたすら楽しくてたまらない時期は夏のようです。互いに対する信頼が深くなる秋。そしてもしかしたら、それぞれが自分の内側と向き合い、淡々と静かに力を蓄《たくわ》えていく、そんな冬にたとえられるような時があるのかもしれません。

人と人との関係における冬の時期というのは、それぞれにとっては、人生における晩夏から秋にあたるといえそうです。年齢でいえば三十代から四十代にかけてで、仕事と子育てでめいっぱい忙しく、時間的にも精神的にも、あまり余裕があるとはいえない時でしょう。こういう時は、どうしても近くにいる人のほうが頼りになるものです。

そのような時期を経て再会することができた関係は、きっと豊かさも深みも増しているにちがいありません。本当に気心知れた間柄というのは、たとえ十年ぶりに再会しても「昨日の今日」のような感覚で話が弾《はず》むものです。

祖母と幼なじみの友

祖母のもとを、ごく希《まれ》に訪ねてくる人が何人かいました。どの人も、わざわざ遠方から祖母を懐かしんでのことだったようです。

私が幼い頃はちょうど高度経済成長期で、戦後の復興のためにがむしゃらに働いてきた人たちが、ようやくわずかなゆとりを手に入れつつある時でした。今にして思えば、戦前・戦中・戦後と、時代の荒波の中で会おうにも会えない、生きているのかどうかもわからない、そんな時代を生きた人たちだったのです。必死で生き抜いた、そのあげくの再会だったのでしょう。

その一人が会津藩士の娘だった祖母の幼なじみです。

きちんと羽織を羽織った背中を、なんとなく憶えています。私が襖《ふすま》を開けてご挨拶をすると、にっこりと微笑みましたが、もはやその面影もぼんやりとしています。それでも、きれいでやさしそうなおばあさん、という印象が残っています。

祖母は言葉の少ない人でしたし、その方もにこにことするばかりでしたから、どうしてお話ししないんだろう？　などと思いましたが、もはや言葉など必要なかったのでしょう。「お互いよくここまで来ましたね」という一言に、どれほどの背景があり、どれほどの意味が込められているか、すっかり通じ合っていたのだろうと思います。

その後も、つかず離れずという関係が続いていたようで、時おり想い出したように足をお運びになるのでした。祖母は足を悪くしてからというもの、すっかり出かけなくなっていましたから、ことのほか幼なじみの訪問を楽しみにしていたものです。

けれどいつの間にかそんなこともなくなりました。もう年齢も年齢でしたから、ほんとうのお別れが来たのでしょう。

祖母は悲しくても泣きもせず黙っている人でした。ゆえに、お別れがいつだったのか、私は今もわからずにいます。

武士の娘の美学　三十五

自分と向き合う時間が人とのよい関係をつくるもの

人生の指揮官は自分自身

一人の時間を重んじる

「おひとりさま」や「じぶん時間」という言葉からもうかがい知ることができるように、このところ一人で過ごす時間を大切にする人が増えてきています。旅行会社の調査によれば、ここ何年かは年を追うごとに一人旅が増加しているとのことです。

私としては、これは良い傾向だと受け止めています。一人になって、自分と静かに向き合う時間というものは、あったほうがいいというより、必要だとさえ思っているからです。
これまでは、友だちや仕事仲間など周囲の人と協調することにばかり重きがおかれる傾向がありました。一人でいることは身勝手なことのようにさえ受け止められ、飲み会などの集まりに仕方なく参加する人も珍しくなかったようです。

まったくつきあわないのは考えものですが、一方で一人の時間を少しも持てなくなるのも好ましいことではないでしょう。協調性と個人の尊重とのバランスをとるよう心がけたいものです。

なぜ私が一人の時間を重んじるかというと、人と人とが支え合いながら生きていくうえでは自立心が必要だと考えるからです。自分の足でしっかりと立つことができてこそ、相手に寄りかかりすぎることなく、ほどよく支え合うことが可能になるのではないでしょうか。

また、心の矢印を外側に向けないためにも、一人になって自分と対話することだと思っています。心の矢印を外側に向けた状態では、「あの人がこんなふうに言ったから自分はこんなことになってしまった」とか、「世の中がこのような状況だから自分の可能性も失われた」などという発想になってしまいます。つまり、自分の外側にある世界が基準になっているのです。

この矢印を意志の力で自分の方に向けていくことができると、「あの人がこんなふうに言ったのは確かだけれど、最終的には自分で判断したのだから自分の責任。自分の責任である以上、自分で解決の糸口もつけられる」「世の中がこのような状況になっていて、その影響を受けてはいるけれど、できることから何でもやってみよう」と、あくまで自分自身が基準になります。「あなたのせいよ」などと人を責めることもなくなっていきますから、人間関係のトラブルも少なくなるでしょう。

そうして心の矢印を内側に向けていくことができれば、すべては自分次第になります。さまざまなことが生じても恐れず受け容れて、その渦中で自分なりに歩んでいくことができると不思議と苦しくなくなります。少なくとも「誰かのせい＝自分ではどうにもできない」という状況よりは、ずっといいはずです。矢印を外側に向けている以上、「誰かがどうにかしてくれる」と潜在的に期待することになるわけですから、これでは苦しくなるのがわかるでしょう。

協調と迎合は似て非なるもの

こんなふうに考えることができるのは、「協調と迎合《げいごう》は似て非なるもの」とか、「人を責める前に自分を省みてごらんなさい」といったことを繰り返し諭されたからにちがいありません。いずれも『女子の教養』で取りあげた教えですが、おかげで「じぶん時間」という言葉が生まれるずっと以前から、自分と向き合う一人の時間を大事にすることができるようになりました。

もとを正せば「迎合するな」は曽祖父の言葉で、祖母も娘時代は頑固で厳しい父親に従い、一人で過ごすことが多かったようです。淋しいと感じたことも数限りなくあったでしょう。けれど、淋しい気持ちのままに過ごすのではなく、一人でも楽しく過ごせるよう、祖母なりに工夫していたのだろうと思います。

一人で過ごすことが多かった私に、「一人で楽しく遊べる子は、お友だちと遊ぶ時も楽しくできるんだよ」などと言うことがあったのですが、恐らく祖母自身の経験から、そんな言葉が出たのだろうと想像するわけです。

これから世界情勢はますます大きく変化していくことでしょう。世の中のせい、時代のせいにしたところで、何も解決しません。

自分に矢印を向け、「あなたはどうしたいの？」「あなたはどう生きていきたいの？」と問いかけ、心の声に耳を傾けることは、今、最重要課題ということができるのです。

第五章

品格に深みを
人生を慈しむ

人生には手引きが必要

生きるとは何か。

私の人生は、大半がこの問いかけに対する答えを探し求めることに費やされてきました。もちろんこの探求は終わりなきものです。これから先も続いていくのですが、ある時点で私なりに確信できるものを掴むことができました。

それは、確かに一つの答えといっていいものだと思っています。そしてこれからは、掴んだ答えをより深く自分の中に落とし込み、それと一体となり、自分の生き方そのものとなっていくよう求め続けていくのでしょう。

答えを見出すためには手引きが必要になります。私にとっての手引きは、武士道でした。武士道という門から入り、真理へと続く道を手探りで歩んできたのです。

私は、たまたま武士道という門を選びましたが、他にも門はたくさんあります。むしろ、どんなことも門になり得ると言っていいでしょう。

そして、どの門を選ぼうとも、辿り着くところは、同じ一つの場所だと信じています。わかりやすいので宗教をとりあげますが、仏教でもキリスト教でも、ついには同じ真理に到達するのです。

仕事や奉仕活動にしてもそうでしょう。自分も幸せになり、他者も幸せになり、それにより世の中をよくするためにはどうすればよいのかということを中心に据えて歩み続けるうちに、「大切なのはこれだ」と悟る時が来るにちがいありません。

私が掴んだ真理、それは、大いなる愛です。

真理に続く道はすべて愛に通じており、その愛とは大宇宙の本質です。そして、大宇宙の本質こそが、「和」「大和」なのです。

宇宙は魂の源ですから、私たちの本質も愛ということができます。この肉体に宿っている命とは、すなわち愛そのものなのです。

けれど、いつの間にか、私たちはそれをすっかり忘れてしまいます。もしかしたら、肉体を持って生まれるということは、そういうことなのかもしれません。

一度、すっかり忘れてしまうように出来ていて、さまざまな人生経験は、それを想い出すためのシナリオのようなもの、というわけです。

もっとも、誰もが自分の本質が愛であること、自分は愛そのものであることを想い出すわけではありません。人生のシナリオを、どのように受け止め、どのように次の経験に活かそうとするのか、ここに分かれ道があるようです。

人生を慈しむ心を

どれほど辛いことであっても、「この経験が自分の魂を磨いてくれる」と感謝と共に受け止め、次に苦難がおとずれた時にも、穏やかに柔和《にゅうわ》に受け容れ、その中で幸せを見出そうとしていくのか。

それとも悲しみや怒り、憾《うら》みを抱き、自分は不幸だとしか思わず、ひたすら悲嘆に暮れていくのか。

前者は幸福な生き方であり、後者はそうとは言いがたいでしょう。

みずから不幸を選ぶ人などいないはずです。誰もが幸せな人生を望んでいるのに、必ずしもそうではないのは、ほんの少しの誤差、ごくわずかに心のありようが異なっているだけです。少しでも自分の尊さに気づくことができれば、すべてはたちどころに変わりはじめることでしょう。

不幸だと思い込んでいたけれど、まったくそうではなかった。

苦しいと思っていたけれど、その苦しみをつくっていたのは自分だった。

まったく浮かばれないと思っていたけれど、多くのものを与えられていた。


すべてが逆転するほどのことが容易に起こり得るといっても過言ではありません。

そうなると、この人生がもったいないほどいとおしくなるのです。

これまで事細かで面倒とさえ思われるようなことを述べてきましたが、人生を慈しむ心が生まれると、小さなことも大切に、丁寧に扱いたくなるからなのです。

本章では、そんな気づきの助けとなるようなことをお伝えいたします。

武士の娘の美学　三十六

死ぬ時までは生きているから安心なさい

死という究極の自然を受け容れる

生きている自分を発見した瞬間

自分は生きて、この世に存在している。

そうはっきりと自覚したのは、七歳の時でした。

今もその時の光景がはっきりと浮かびます。よく晴れた五月の朝でした。庭に大きなツツジの植え込みがあり、濃淡《のうたん》のピンク色や純白の花はちょうど満開、青空にくっきりと映えていました。足もとには柔らかな苔《こけ》が拡がり、その明るい緑色の上に木漏れ日がまだら模様を描いていました。

私は、ふと、自分の両手を見たのです。その瞬間でした。

「ここに私がいる」

思った、というのではなく、打たれたのです。言いようのない衝撃でした。生きている自分を発見したということは、死を見出したということでもあります。自分の手をじっと見つめながら、「これはいつか消えてしまうのだ」と思いました。

それは、いったい、いつ？

次に来たのは、この疑問です。

誰も答えられないでしょう。天の意であり神さまがお決めになることだからです。人は、なんとなく無意識のうちに平均寿命まで生きているような気がしてしまうものですが、実際は「いつ死ぬのかわからない」というのが本当のところなのです。

私は怖くなりました。

祖母や両親もいつか死んでしまう。もし今日、死んでしまったらどうしよう。ひとりぼっちになったら、どうやって生きていこう。

夜寝る時には、明日、もう自分が目覚めないのではないかと恐ろしくなり、おちおち寝ていられなくなりました。今思えば、ちょっとした睡眠障害だったのでしょう。

やがては、「どうせ死んでしまうのに、なぜ生きているのだろう?」と思うようになりました。まだ死は終焉としか考えられなかった私は虚しさを覚えました。

次々と湧き上がる生死に対する疑問とそれに伴う恐れや虚しさは、まるで出口のない迷路です。子どもですから遊んでいればたちまち忘れてしまうのですが、ふとした拍子《ひょうし》にひょいと顔をのぞかせて私を脅かしました。

それでも、このような心の内を父や母には決して言うことはありませんでした。心配をかけるのが火を見るよりも明らかでしたし、家族に対して天真爛漫《てんしんらんまん》に子どもらしく振る舞うのが自分の役割だとわかっていたからです。

私の心を明るく照らした言葉

そんな折、祖母が大腿骨骨折《だいたいこっせつ》で入院しました。私は今にも祖母が死んでしまうのではないかと怖くてたまらず、お見舞いに行っても、祖母の顔をまともに見ることができませんでした。

そういう私の様子を見て、祖母は何か察したのでしょう。

「死ぬ時までは生きているから、安心なさい。おばあちゃんに限らず、みんなそう。だから安心なさい」

死ぬ時までは生きている。

当たり前といえば当たり前のこの言葉が、どれだけ私の心を明るく照らしたかしれません。「いつ死ぬのか」という誰も答えられない問いかけに、祖母は正しく答えてくれたのです。単純なもので、私はすっかり安堵《あんど》して、しばらくは死に対する恐れから自由になることができました。

七歳の子どもにとって生死の悩みはあまりにも重すぎました。けれど、このような人生経験を与えていただいたことを、今では心から感謝しています。死を見つめることは生（あるいは命）をいつくしむことだと、比較的早い段階で理解できたためです。それは私の大きな宝となっています。

人生にはさまざまな局面があり、時には生きることを諦めたくなるような辛い出来事に遭遇することもあります。

それでもなお、朝、目を覚ますことができたなら、それは今日一日の命が与えられたということに他なりません。与えられたということは、ご先祖さまや神さまが、こぞって応援してくれているのだと私は受け止めています。まさに、

「今日も命がありましたね。ありがたいこと」

この言葉に尽きるのです。

武士の娘の美学　三十七

先のことはともかく、今できることは今すればいい

未来を心配してばかりだと「今」を失う

人生の最重要課題

「死ぬ時までは生きているから安心なさい」

この言葉は「今を生きなさい」ということにも繋がっています。まだおとずれてもいない死をいたずらに恐れ、不安にさいなまれながら過ごすということは、心がどこかに行ってしまっている状態のまま今日を過ごしていることになります。まさに「心ここにあらず」ということになるのです。未来を心配するあまり「今」を失っているのです。

今年二月以降、報道が新型コロナウイルス一色になってしまったかのような状況となる中で、不安や恐怖を抱《いだ》かなかった人はいないでしょう。極めて印象的だったのが、非常ボタンを押して満員の通勤電車を止めてしまった人がいたというニュースです。近くにいる人が咳をしていたため、恐怖でたまらなくなってしまったゆえの行動だったということでした。

マスクの売り切れが続出し、店頭から消えてしまったのもこの頃です。

心理学的に見ても「わからない」ということが最も人を不安に陥《おとしい》れるといわれます。「未知のウイルス」としてメディアの報道が過剰になっていたことも、恐怖心を煽る原因となっていたことでしょう。

このような状況を前に、私は強い危機感を覚えました。コロナそのものに対してでもありましたが、それ以上に、「多くの人々が大切な一日を失ってしまうのではないか」と案じたのです。

コロナの感染やそれに付随《ふずい》する経済をはじめとする社会的な変化に対して、いちおうの対策をとったうえで、この日常をできるかぎり快適に心安らかに過ごしていくこと。

後悔しないため……つまり、もし今日が人生最後の日になってしまっても納得できるように過ごすことが、最も大事なはずです。

本当はコロナがあろうとなかろうと、いつこの人生が終わっても後悔しないように生きることが最重要課題なのです。まだ起きてもいないことを心配して、不安な気持ちでウロウロと過ごし、その日が最後になってもいいのでしょうか。いいわけがないですね。

この一瞬が永遠

さらにいえば、今日この日には、「今」だけでなく過去も未来も、いいえ、永遠があるのです。次は山田無文《むもん》老師の言葉です。

谷川の水は真っ蒼《さお》に澄んで淵に湛えられて動いておらんので、ちょっと見ると永遠のように見える。が、そうは見えるけれども、その水は実は一瞬の休みもなしに流れておるのである。

永遠ということは、鉄か石のように動かないことではない。動いているその一瞬、刹

那の中に永遠を発見していかなくてはならないのであります。（中略）永遠ということは時間の問題ではないのです。刹那の中に全身全霊を打ち込んで時間を忘れておる、そこが永遠なのです。（中略）

人生は短い。その短い人生のひと時ひと時に全精神を打ち込めば、一日が永遠である、一時間が永遠である、一瞬が永遠である。（『愛語』山田無文　著　禅文化研究所）

この力強い言葉を前に、私はどうしても「この一瞬が永遠」ということをわかりたいと切望しました。それからです、一服《いっぷく》のお茶にも、あるいは一杯の珈琲にも、ありったけの心を込めるようになったのは。

これは、頭で理解しようにもできないことで、従って言葉で説明するのは難しいのですが、そのように心がけるようになってからというもの、私の人生の時間は極めて濃厚になりました。

そこには深い感動があり、ひれ伏したくなるような感謝があります。外からもたらされる幸せではなく、内側の深いところからわいてくる歓びがあるのです。

ある程度の備えをしたうえで、なるようになると腹をくって、今日の暮らしを大切にしましょう。今できることは、今しかできないことです。

これまでこうしたことを考えてこなかった人でさえ、今はよくわかるはずです。「コロナ禍《か》」などと言われていますが、実は素晴らしい気づきをたくさん与えてくれているのです。

武士の娘の美学　三十八

人生、何もかも駄目ということはないものですよ

どんな困難な状況でも光は見出せる

結果主義では苦しくなる

祖母は大正四年の九月に郷里より東京に出てきました。出稼ぎで先に上京していた祖父を案ずるあまりのことです。が、祖父はといえば、祖母の心配をよそに、なんと別の女性と、その女性の母親と三人で暮らしていたのでした。このあたりのことは『女子の武士道』に記しましたので割愛しますが、出稼ぎに出なければならない状況ですから、どれほど経済的困窮にあったか想像するに余りあります。

その後、第一次世界大戦、関東大震災、さらには第二次世界大戦と、まさに時代の荒波の中を生きていったわけですが、それでも希望をすっかり失うことはなかったようです。少なくとも手記には、絶望的な言葉は見当たりません。むしろ、

「人生、何もかも駄目ということはなくて……」

と、どんな時でも淡々としていたような感じを受けます。

どうしてそんなふうでいられるのか、私は長らく祖母独特の楽天性や、あるいはこの時代の女性にありがちな芯の強さに起因しているのだろうと思ってきました。

けれど、それだけではないかもしれません。

「失敗した」とか「駄目だった」という発想が、そもそも乏しいようです。つまり、何かことあるごとに、判定をして結果を決めつけてしまうことがないのです。

ここが現代人と大きく異なる点でしょう。

人生における「失敗」「成功」、あるいは「結果」とは何でしょうか。その時、「失敗した」「結果を出せなかった」と思われたことが、のちに思いがけない成果に繋がることなどいくらでもあるはずです。

にもかかわらず、いつの間にか私たちは「結果主義」になっているのです。ことあるごとに、その時その場で評価を下し、一喜一憂するあり方は、実は、私たちを苦しめることになってはいないでしょうか。

できることからする

コロナの影響で経済が大打撃を受ける中、経営困難に陥ったり、職を失ったりと、苦しい状況にある人が少なくありません。今は何とかなっていても、今後はどのようになっていくのかわかりません。

私は生きていけるのかな。

私自身、ふとそんなことを思い、心に不安の影が差すこともあります。

そんな時は、「大丈夫」と、まず自分にやさしく言ってから、さらに、

「人生、何もかも駄目《だめ》ということはないものです」

と、にっこり笑って宣言します。

空元気でいいのです。「空元気だって元気は元気」という祖母の教えの実践です。

そして、身に起きることのひとつひとつを、いちいち「成功」「失敗」などと評価する、その意識を手放してしまいます。

すべては経過であって、結果ではない。

これが本当のところではないでしょうか。

「失敗してしまった」「駄目だった」と答えを出してしまわずに、「どんなことでもできることからやってみよう」と切り替えてしまうと、案外、道は開けていくものです。その時に、「これをやったらどうなるだろう」と結果を求めないのが肝心です。

できることから淡々と始めてみたら、思いがけない展開になった。

これが私の実感するところです。

結果主義を手放すためには、こんなことを自分に言い聞かせてもいます。

もしも結果といえるものがあるのなら、それが出るのは私が息を引き取る時。

その時、私が思うことは、「よい人生だった、ありがとう」という他に決してあり得ない。もしも悲惨な状況の中で死んでいかねばならない場合でも、やっぱり「ありがとう」しかあり得ない。

実際の死に際でこんなふうに思えるかどうかはわかりませんが、たとえ自信がなくても、繰り返し心の中で念じていればいいと思っています。

どれほど困難な状況でも、きっと光を見出すことができるはずです。それには「できることからする」、つまり、考えるよりも行動に尽きるのです。

武士の娘の美学　三十九

比べることなど、本当はできないものだけどね

時代の荒波を軽やかに乗り切るために

可能な限りの自己革新を

今、地球上に起きている大変化とそれに伴う混乱は、まったく新たな時代を迎えようとしていることを示しています。今は大いなる陣痛の時なのです。出産を経験した女性なら誰もが知る、うねり来るような痛み。あの痛みが地球規模で起こっているのだと思えば、相当のことが起きてしかるべきだとわかるでしょう。この陣痛《じんつう》の期間、私たちも可能な限りの自己革新をしていかなければなりません。つ

まり、変化の波に抵抗するのではなく、恐れず飛び込んでいくのです。

そのためには、これまでの思考の癖や潜在意識に刻み込まれた認識の多くを手放して、どこまでも軽やかになっていく必要があります。不必要となった思考の癖や認識とは、こだわりやとらわれ、偏った考え方です。

今年になってから、ブログや動画、連載などを通じて、何度もお伝えしてきたことがあります。それは奈良・薬師寺《やくしじ》の高田好胤《こういん》元管主が説かれた「般若心経《はんにゃしんぎょう》」です。

かたよらないこころ　こだわらないこころ　とらわれないこころ
ひろく　ひろく　もっとひろく
これが　般若心経　空のこころなり

この一大変革期を軽やかに、そして力強く乗り切るためには、「空のこころ」に限ります。すっかり「空」になることはできなくても、できるだけ近づいていくよう努めたいものです。

そのために私は、比べるのをやめました。なかなか難しいことではありますが、つい比べて判断を下している自分自身に気づいたら、その都度、そのあり方を修正し、手放しています。

比べる心が生じるのは、人やものごとを分けて観ているからです。つまり、二元論の思考になっているということです。分けて、差別化して、優劣をつける。わかりやすくいえばこういうことになります。

どちらも尊い自分自身

近代西洋文明の中で生まれた二元論は、科学の発展を後押ししました。それは人類に大きな豊かさをもたらしましたが、その一方で、科学万能主義による自然破壊や、差別意識をうみだしたのです。

日本はもともとは二元論ではありませんでした。それは神話の世界にも余すことなく表れています。神々には荒魂《あらみたま》と和魂《にきみたま》の両義性があり、荒ぶるからといって排除することはありません。疫病が大流行すると神さまとして大切にお祀りし、折に触れ参拝してきました。疱瘡神や牛頭天王は、天然痘《てんねんとう》が大流行した後に神さまとして祀られるようになったのです。

これこそが「和」ということができます。

日本人が二元論を受け容れた明治維新から、わずか百五十年にしかなりません。私たちの魂には、本来のあり方である「和」が刻まれているはずです。

それを思えば、つい比べてしまう思考の癖など、手放していくのは簡単でしょう。

誰かと比べて、自分は劣っていると思ってしまった時は、

「いやいや、人はそれぞれ。あの人はとても優れているし、私にも私の良さがある」

過去の自分と今の自分を比べて、過去の自分のほうが輝いていると感じたら、

「いろんな時があっていい。輝いていた私も、落ち込んでいる今の私も、同じ一人の私。どちらも尊い私自身」

と、そう言い聞かせていきましょう。

どうしても許せないようなことがあったなら、

「いつまでもかたよった考えにとらわれて、消化できない自分の気持ちに執着している。

これは本当に自分を大切にしているのではなく、かえって自分を苦しめるだけ」

そんなふうに自分に対して説明してから、ゆっくり深呼吸をします。

そして、空を見上げてみるのです。心が拡がっていくのを実感できるでしょう。

うつむいてスマホばかりのぞき込んでいると、ますます心が小さな世界に閉じ込められてしまいかねません。

無常というのは、なかなかありがたいものです

辛いこともいずれは過ぎてゆく

無常観を持つ

無常とは仏教の言葉で、簡単に言えば止まっているものは何一つないこと、変わり続けていくことを表しています。お釈迦さまが入滅《にゅうめつ》された際に、帝釈天が唱えた詩『無《む》常偈《じょうげ》』から来ていますが、多くの人は『平家物語』の冒頭、「祇園精舎の鐘の声　諸行無常の響きあり」の一節で親しんでいることでしょう。

かつて日本人は幼い時に習う「いろは歌」を通じて『無常偈』に親しんでいました。

『無常偈』の漢訳は「諸行無常　是生滅法　生滅滅已　寂滅為楽」で、意訳すると「すべては無常であり、生まれては滅していく。また生まれ、また滅する。それが静止した時こそが安楽なのだ」となります。

これを「いろは歌」に置き換えて

いろはにほへと　ちりぬるを（色は匂えど　散りぬるを）
わかよたれそ　つねならむ（我が世誰ぞ　常ならむ）
うゐのおくやま　けふこえて（有為の奥山　今日越えて）
あさきゆめみし　ゑひもせす（浅き夢見じ　酔ひもせず）

としたのです。誰が作者なのか、諸説がありはっきりしていないようです。

私なりに「いろは歌」を意訳してみました。

「まだ色鮮やかで匂うように咲いている花（桜）も儚く散ってしまう。私の生きているこの世というものも休みなく移り変わり、誰一人としてそれを止められる者はない。人生における数々の山の一つを、今日も越えることができた。もはや浅はかなる夢（幻想）を見て、（欲や快楽に）酔いしれることもなくなった」

江戸時代、寺子屋で手習いを始めるのは、だいたい数え七歳からでしたので、満五〜六歳のうちから、無常観に接していたことになります。江戸の教育は素読からしてもわかるように、意味を解説することはありません。それだけに人生経験を積む中で、「ああ、これが」と身を以て知ることになるのです。

この無常観があるかないかで、ものごとの見方はずいぶん変わってくるのではないでしょうか。すべては無常ということは、楽しい時間も過ぎてしまいますが、つらい時も同様に過ぎていきます。今、苦しい中にあったとしても、ずっとそのままそこに止まっていることはないのです。

命さえあればなんとかなる

祖母は結婚して間もなく、破産により何もかも失いました。お腹には初めての子の命が宿っているというのに、無一文になってしまったのです。それでも、「命さえあればなんとかなる。ないということは、これから得られるばかり」と言い聞かせ、心を落ち着かせました。

それからの苦しい日々は、いつ終わるともしれない時間に感じられただろうことが容易に想像できます。働きづめで、あっという間に一日を終えたとしても、ホッとする間もない暮らしは長いトンネルのように感じたことでしょう。

それでも時は確実に流れていきます。

「いつになったら、この苦しい時は終わるのだろうと不安になったら、すべては無常であることを想い出せばいい」

かつては、祖母が何を言っているのか、まったく理解できませんでしたが、今は少しわかります。

苦しい時も、いずれは流れ去る。

このような場合、無常は寂しさを感じさせるどころか慰めとなります。

身動きがとれないような息苦しさ、どちらに行けばいいのかわからないような状況にある時は、もう一人の自分が、少し離れたところから、そんな自分の様子を眺めていると想像してみてください。そして、もう一人の自分の側に立って、苦悩している自分に対して、こんなふうに伝えてほしいのです。

「大丈夫、すべては無常だから。今は静かに自分の心と向き合っていればいい。どのみち、やがて光が見えてくるから、安心していよう」

武士の娘の美学　四十一

誰かの役に立つことで、幸せになるのは自分です

自分の幸福が世界の光になる

自分の目はごまかせない

少しでも人の役に立てるよう、社会をよくすることができるようにという想いから、さまざまな活動をする方々がいます。そうした活動や、そのような方々がいなかったら、この社会はひたすら世知辛いばかりでしょう。

数年前のことになりますが、掃除道で有名な鍵山秀三郎《かぎやまひでさぶろう》先生が、「社会はますます悪くなっています」と喝破《かっぱ》されていました。私は何と勇気のある発言だろうかと心を打た

れたものです。

ボランティア活動が普及し、社会をよくする活動をする人はどんどん増えているように見受けられます。「利他《りた》の心」や「三方よし」といったことを理念に会社を経営する方もたくさんいらっしゃいます。

にもかかわらず、実際、社会はよくなっているとは言いがたいのです。それはどうしてなのか、折に触れ考えてみました。

正直なことを言えば、答えはまだ見出せていません。けれど私なりに、重要な気づきがありました。

それは、世のため人のためになりたいと思って行動する時に、どこかで見返りを求めてはいないか、ということです。さらには、自分はいいことをしているなどと自己満足していたり、ちょっとした優越感さえ抱いたりしていないか。私は自分自身にそんなことを問いかけてみたのです。

他の人の目はごまかせても、自分の目はごまかせないもので、私は心の奥深くに、そうした想いがあることを否応なしに見つけ出してしまいました。

その時に、「世の中と自分」「他の人と自分」と、ここでも分けて考えていることに気がついたのです。

究極は、自分が心から「こうしたい」と望むことを、とにもかくにも行って、おおいに自分が満足し、幸福を実感した時に、ふと周りに目を向けてみたら、それによって他の人が喜び、世の中に良い影響を与えていた……というところでしょう。そのようになれたなら、どこにも無理がなく、最も自然です。

実は、新たな時代を迎えるにあたって、目指していくべきはここだと思っています。つまり、自分本位といってもいいようなあり方が、そのままごく自然に多くの人を幸せにするということです。人だけではありません。大自然、つまり地球全体を美しくするのです。

すべてが調和する世界

海外の主要都市が軒並《のきな》みロックダウンを敢行《かんこう》し、日本でも緊急事態宣言が発令された際、わずか一週間で世界各地の環境に変化が生じ始めました。空は青く澄みわたり、遠くの山々がくっきりと鮮明に見えるようになりました。ガンジス川は濁《にご》ったものだと信じていましたが、実は清らかな美しい流れだったのです。見物客が来なくなった動物園では、ストレスから解放された動物たちの出産ラッシュが始まりました。野生動物が闊歩したり、道ばたや公園でゆったりとくつろいでいるような海外の街もありました。

このような光景を目の当たりにした時、私はいい知れない感動を覚え、かつて経験したことのない深い喜びを抱いたのです。

人間も動物たちも草木も、海も空もすべてが調和する世界、ユートピアは、決して夢の世界ではないのです。浮き世離れしているのかもしれませんが、こういう世界で生きていきたいと強く思いました。

私たち人類は文明の名のもとで、あまりにも地球に負担をかけすぎたのではないでしょうか。自分たちも自然の一部、いえ、自然そのもの、一体であるというのに、人間と自然を分けてしまい、自分で自分の首を絞めているのではないでしょうか。

「才能は世のため人のために使ってこそ光るんですよ。そして、誰かのためを思って何かをした時に、幸せになるのは自分です」

祖母が教えてくれたとおり、すべては自分のためです。
でも、真の「自分のため」は、後でしっぺ返しを受けるようなことはないはずです。
自分の幸福と、他者と世界の幸福が、まっすぐイコールで結ばれるあり方。
決して無理な話ではないはずです。

武士の娘の美学　四十二

判断に迷ったら、美しいかどうかを基準にしてごらん

いかに美しくあるべきかを求めた日本人

敗者＝悪ではない

さまざまな情報が飛び交う中、「何が正解かわからなくなってしまった」という声をよく耳にします。

それもそのはずです。そもそも正解などあってないようなものだからです。

自分が正しいと思っていても、相手にとっては間違っていることもあるでしょうし、かつては正しいと信じていたことが、今ではそうではなかったと思うこともあるでしょ

う。つまり正しいか間違っているかという判断基準は、立場や状況、時代によって、いくらでも変化するのです。

けれど、「美しいかどうか」で判断すると、そこまでの矛盾はが生じません。誰にとっても美しいと思えるあり方、どんな時代でも美しいといえるあり方を基準にすれば、少なくとも争いの種になるようなことはないはずです。

祖母は歌舞伎《かぶき》が大好きで、元気な時は銀座の歌舞伎座へ、しばしば出かけていったものでした。誰もが知る人気の演目というと『義経千本桜』や『勧進帳』、『仮名手本忠臣蔵』といったところですが、これらは祖母も大のお気に入りでした。

どの物語にも共通しているのは、「悲劇の主人公」という点です。一般的には「滅びの美学」とされていますが、私は少し別の見方をしています。

日本では「敗者＝悪」ではなく、英雄は必ずしも勝者ではありません。このことは疫病でさえも神さまとしてお祀りしてしまうことにも通じているような気がしますし、北鎌倉円覚寺《えんがくじ》の横田南嶺《なんれい》管長が、ことあるごとに仰る「怨親平等《おんしんびょうどう》」にも通ずるものがあります。円覚寺は元寇《げんこう》における戦没者を、日本の兵士のみならずモンゴル側の兵士たちも等しく慰霊していますが、それは当時の執権・北条時宗《ときむね》公の望みによるものだと伝えられています。

鎌倉時代には武士道の原点があるといっていいでしょう。その背景にあるのは仏教で、平安時代末期から鎌倉時代にかけては、栄西禅師《えいさいぜんじ》に法然上人《ほうねんしょうにん》、一遍上人《いっぺんしょうにん》や親鸞聖人《しんらんしょうにん》、時宗公を支えた無学祖元《むがくそげん》など、多くの僧が活気ある布教活動を展開していました。大半の武士が仏教に帰依《きえ》しており、それが武士のあり方に大きな影響を及ぼしたのです。

仏教の本質である慈悲《じひ》は、惻隠《そくいん》の情《じょう》、武士の情けといわれるものに取って代わられました。敵であっても分け隔《へだ》てなく慰霊《いれい》するのは、そのためでしょう。

慈悲に根ざした美意識

降参した敵を叩きつぶす姿は美しいでしょうか。敵だからといって、その屍をさらすあり方が美しいと言えるでしょうか。

さまざまな事情によってやむを得ず戦いはしても、戦が終われば、もはや敵も味方もありません。どちらも同じ尊い命なのです。その命を等しく弔《とむら》うあり方は、どれほど時代が変わろうと、美しいものとして人々の心を打つでしょう。

江戸時代に庶民の間で歌舞伎が流行し、取りあげられたのが武士で、しかも負けた側というところに、私は日本人の慈悲に根ざした美意識を見るような思いがしています。

いざこざを前に「どっちもどっちですよ」とそっけなく言っていた祖母は、「正しいか間違っているかではなく、美しいかどうかで判断すればいい」と言いたかったのでしょう。

日本においてももはや勧善懲悪《かんぜんちょうあく》が当たり前になり、ジャッジをしないと納得できないとでもいうあり方にすっかり変わりました。

どちらが正しいか、間違っているか判断しないと気が済まない。

このようなあり方は、これからの時代は極めて苦しい状況に自らを追い込むことになるでしょう。決して脅しているのではなく、もうすでに表面化しています。

ウイルスを敵と見なし、戦いを挑んだ結果、多くの人がかえって窮地に追いやられさえしました。抗生剤を投与した結果、サイトカインストームが起きて重症化した現象は象徴的といえます。サイトカインストームの原因のひとつはイブプロフェンという成分でした。

このことは欧米諸国における高い致死率の原因の一つと私は見ています。敵とのみ見なさずに、調和を求め、緩やかに共存できる方法を模索していくことが解決策となっていくだろうというのが私の考えです。

武士の娘の美学　四十三

こういう自分で生きていくと決めることです

自分らしさを受け容れてこそ覚悟ができる

私を救ってくれた本

日本人は自己肯定感が低いといわれます。そして、何とかして自己否定の癖を取り去ろうと、カウンセリングやヒーリングなどさまざまなことが行われています。

私も極めて自己否定の強い人間でした。多くの人と同様、何とかしたいと必死でしたが、一方で、容易に崩れてしまうような自己肯定感などまっぴらご免と思っていました。

私は確固たる自信に繋がる、揺るぎない自己肯定感が欲しかったのです。そんなものが簡単に確立されるわけはありません。自分を納得させ認めさせることは、一生かかってすることだとさえ思っていました。高校時代から始めたヨガ、教会で学ぶイエスさまの教え、武士道の探究に坐禅、あるいは仕事も家事でさえも、すべては自分を肯定したい一心で行っていました。ところがどれほど頑張っても、もう一人の自分が「まるで偽善者じゃないの」などと厳しい判断を下すのです。そのたびに私は自分がつまらない人間に感じられました。

それがとてつもなく辛く、どうしようもなくなってしまった時に、ふと手にした西村惠信《えしん》先生の本に、驚くようなことが書かれているのを見出したのです。

昔から「静かに坐禅して、じっと自分を見つめれば、仏性とか自性とかいう素晴らしいものを掴むことができる」と教えられてきましたが、実際に坐ってみて、はじめて分かることがあります。

それは、自分の中に「素晴らしい」といえるようなものが何一つないこと。それどころか「これこそ自分だ」といえるものは、ただこの粗末な肉の塊《かたまり》と、つまらぬことしか考えられない貧しい心でしかないことが、ひしひしと分かってくるものです。

そのとき、こんな自分でも「しっかり生きるように」と応援してくれている大自然や周りの人々の恩恵に気づき、自分の存在の罪業性に懺悔する気持ちが自然に起こり、白《はく》隠《いん》さんがわざわざ「懺悔も坐禅に帰す」といわれたことの意味が、深く感得できるのではないでしょうか。（『坐る』西村惠信　著　禅文化研究所）

自分の尊さに気づく

素晴らしいといえるものが何一つないことがわかる、それを掴むことこそが素晴らしいとは……。

私はさめざめと泣きました。けれどそれは温かな涙でした。胸に抱え込んでいた大きな氷の塊《かたむり》が解けだしたように、涙は止めどなく流れ続けました。

泣きながら、惠信先生の仰るとおり、どんなに愛されてきたかを想いました。「かたじけない」という言葉がぴったりの心境でした。

やがて涙の中から立ちあがり、「こういう私で生きていこう」と、強く思ったのです。

どんなに私が自分を否定しようとも、こういう私を天地がこぞって応援してくれる。天地が応援してくれるということは、こういう私でも尊いからに違いない。天地が認めてくれているのに、ちっぽけな私が否定する理由がどこにあるだろう？

こんなふうに思えたことが嬉しくて、私は恵信先生にお礼の手紙を出しました。驚いたことに、恵信先生からは、お返事と共に貴重な御高著を賜ったのです。

恵信先生の述べられていることは、親鸞聖人のお悟り「弥陀《みだ》の五劫思惟《ごこうしゆい》の願をよくよく案ずれば、ひとえに親鸞一人がためなりけり」に通じているように感じられました。

こんなに卑屈でつまらない存在の私をも、お日さまは分け隔てなく、あますことなく照らしてくださる。その時、「私」と「お日さま」は一対一の関係です。ということは、そこに一億の人がいたら、一億の人それぞれにとって一対一の関係となるのです。

自分の尊さに気づくことは、すべての人の尊さに気づくことにもなりましょう。

「こういう私で生きていこう」

心静かに思えるようになってからというもの、ようやく覚悟のようなものができた気がします。そのうえ以前よりも、ずっと優しくなれたようにも思います。

「やっとここまで来ました」

祖母に報告したい気分です。

武士の娘の美学　四十四

一生かかったって、人間、未熟なものです

未熟な自分を許せば、未熟な相手を許せる

人間はどこまでいっても未完成

ありのままの自分を受け容れてからというもの、完全とか完璧というものはなきに等しいのだろうと思うようになりました。

以前は、死を迎える時に、自分というものについて何らかの完成を見るのだろうと考えていたのですが、それはたぶんないでしょう。どこまで行っても未完成、死を迎えるその時でさえも、やっぱり未熟であるにちがいありません。

だからこそ、いいと思っています。

生きている限り、少しでもよくなろう、わずかでもよりよい自分になっていこうとすることには変わりありませんが、どんなに頑張ったところで、恐らく「まあ、これでよしとしよう」というのがせいぜいではないでしょうか。

そうして未完成のうちに人生の幕を閉じ、次に生まれてくる時を楽しみに待つのです。

もちろんこれは単なる想像にすぎません。が、そんなことがあるような気がするのです。

人間というのはどこまでいっても未熟なんだな、と、つくづく噛みしめた時に、誰とは言わず人が好きになりました。自分も未熟で、あの人もこの人も未熟なのだと思ったら、同情心が湧いてきたのです。

同情心というより、憐憫といったほうがもっとしっくりきます。自分のことも不憫だし、他の人々、人間というものの存在そのものが憐れです。

赦《ゆる》していこう、と、思いました。自分のことも、他のすべての人のことも。

そして、こんなふうに未熟な者同士だからこそ、人間は支え合っていくようにできているんだ、とわかったのです。

自分をまず認める

自分を律し、自立をしても、未熟な存在として、やっと立っているにすぎません。手と手を携えて、寄りかかったり引っ張ったりしないように注意してバランスをとりながら歩けば、一人で歩くよりも少しは心強くなるものです。

自己肯定ができず、自分を許せない人が少なくありません。自分にダメ出しをしてしまう気持ちは、痛いほどわかります。

けれどこれからは、未熟な自分を許していきましょう。そういう自分のかわいさに気がついてほしいのです。

私は今、この本を手にしてくださったあなたに、心からお願いをします。

百点を目指さなくてもいいのです。

私たちががんばってとれる点数は、せいぜい五十点です。あと残りの点数は、誰かと、そして神さまにとっていただきましょう。

それは誰かや、神さまを当てにしていることではありません。あなたを助けた人は、自分も役に立てたと喜ぶことでしょう。そして神さまは、自分と共にあることを嬉しく感じてくださるでしょう。

そういうあなたは、誰かが自分では補えない点をちゃんと補っているのです。そのことがわかったら、あなたはきっと喜ぶにちがいありません。

こんなふうに生きることは、素敵なことだと思いませんか？　ダメなことなど、本当は何ひとつないのです。

これから私たちは、想像もつかなかった歴史的ドラマを目の当たりにするかもしれません。戸惑いや恐れは、程度の差こそあれ、生じてくるものでしょう。

その時に、自分を赦せずにいると、人のことも赦すことができず、いたずらに疑心暗鬼になり、必要以上の苦しみを自分に与えてしまいかねません。

自分を赦さずにいることは、怒りや憾《うら》み、妬みや悲しみなど、負の感情も抱え込むことになってしまいます。ただでさえ困難な時代に、心に重くのしかかる感情など、より少なくしておくに越したことはありません。

まずは、「私はよくやっている」と認めてみましょう。さまざまなことがうまくいっていない状況下でも、「こんな中でよくやっている」と赦すことです。

実際、あなたは、よくやっているのです。

第六章

品格に高みを

民族の誇りを受け継ぐ

品格に高みをもたらすもの

品格とは、うわべのことではありません。

むしろ、うわべに備えようとしたところで、備わるものでもありません。

それは、その人の心の奥深く、もっといえば魂から発されるものだからです。

魂の中に、核のようなものがあり、それは水晶のように光り輝いている。その光が、抑えようもなく外側へと溢れ出たもの……それが、品格というものだと私は考えています。


光り輝く水晶のようなもの。それは何でしょうか。

わかりやすくいえば、人間としての誇りです。

人間の誇りには、いろいろなものがあります。

人生経験から生じる個人としての誇りもあれば、男性あるいは女性としての誇りもあります。名家を背負った一族の誇り、代々暮らしてきた郷土の誇り。

そして、民族の誇りです。

民族の誇りを確かなものとするうえでは自国の歴史を学ぶことが不可欠ですが、ただ知識として学ぶのであれば、品格に高みをもたらすことにはなりません。遠い時代の話として知ろうとするのではなく、みずからその中に入り込み、時代の空気を呼吸し、その頃の人々の想いを感じ取り、一体化するように感化されて初めて、確固たる民族の誇りが立ち上がってきます。

本章でお伝えするのは、歴史という大河の中においては、一滴にも満たないものかもしれません。けれど、この一滴が、時空を超えた世界観を教えてくれるのです。

歴史の中に入り込み、そこで生きた人々に触れた私の実体験を通して、「歴史の感化」をわずかでも感じていただきたいと思います。

武士の娘の美学　四十五

日本人は日本人らしくしていればいいのです

抗しがたい流れの中で何を貫くのか

負けても折れない心

少年時代に戊辰《ぼしん》戦争を経験した曽祖父は、ずいぶん頑固な人のようでした。明治政府の行きすぎた欧化政策についても、かなりの皮肉を込めて「どんな世の中をつくるのか、とくと見てやろうじゃないか」と不敵な笑顔で言ったといいます。

負けた側のひがみと受け取ることもできるでしょう。ところが、どうもそうではないようです。さらにいえば、実は「頑固な人」というわけでもなさそうなのです。

負けても折れない心を持っていた。

簡単に言えば、こういうことになります。故郷さえも失い、かろうじて暮らしているような状況にあってなお、まったくといっていいほど心が屈していないのです。

敗者の側を受け容れた人々が、すべてこうだったとまではいえないものの、さまざまな史料を検証する限りでは、決して珍しいことではありません。

徳川幕府が倒れ、藩が解体され、武士階級も消滅し、北は北海道から南は沖縄までを日本一国とする、それまでにない概念が誕生する。経験したことのない社会が出現する中で、それでも「身は武士だ」と自分の信じる道をあくまで貫くことに徹した姿は、痛快です。遥か後世にひ孫が「ひいおじいさん、天晴《あっぱ》れ！」などと心中快哉《かいさい》を叫んでいることを知ったら、どんなにか喜ぶことでしょう。

もっとも、娘時代の祖母は、そんな父親のもとで「欧化」することもできず、女学校ではなんとなく浮いてしまう存在だったようです。曽祖父は浮ついたことが何より嫌いだったので、一度、猛烈な雷を落とされたと聞きました。

曽祖父が言いたかったのは、「武士の娘なら、武士の娘らしくしろ」ということだったのです。「らしくあれ」というのは、鎌倉時代の高僧、高山寺の明恵《みょうえ》上人も説いた大切な人としてのあり方でした。

僧侶は僧侶らしく、民は民らしくありなさい。それぞれが自分の立場をふまえて、それらしく行動しないから世は乱れるのだ（著者による大意）。

そんなことを明恵上人は教えているのです。「自分という存在について責任を持ちなさい」ということでしょう。曽祖父が「武士の娘らしくしろ」と大鉄槌を下したのは、自分の立場に責任を持てということだったのです。ほんとうの意味で「自分らしく生きる」とは、こういうことではないでしょうか。

本当に自分にとって大切なもの

娘時代はささやかながら反発心を抱いた祖母も、やがてはその教えの重要さに気づいたのでしょう。第二次世界大戦が終結し、米国の占領下のもと、日本が急激に変わっていくのを前に、そっくりなことを言ってのけたのです。

「日本人は、日本人らしくしておればいいのです」

祖母は決して声を荒らげる人ではなく、本当に重要なことを口にする時は、むしろ低い声で静かに言うのが常でした。それさえも滅多にあることではありませんから、よほどたまりかねてのことだったのでしょう。

開戦直前まで日本では「ニュー・モード」とも称されるファッションが東京を中心に流行し、多くの女性たちにとって憧れのもとでした。これらの流行を牽引したのは大正末期から昭和初期にかけて登場したモダンガール、通称「モガ」です。

それが戦争の影が濃くなるにつれ抑制されていき、昭和十五年七月には「奢侈贅沢品等製造販売製造規制」が施行、十七年には衣料切符制が実施され、おしゃれをすることが罪悪のようになってしまいました。そのため終戦後は反動が一気に起きたのです。

占領政策のもと、教科書を墨で塗りつぶさなければならなかったことに象徴されるように、それまで信じてきたことがすべて否定されたことも、日本人の意識を変え、世情を激変させる流れに拍車をかけたのでしょう。

日本人が国を挙げて自己否定に走るかのような状況を前に、祖母が何を感じていたのか正確にはわかりません。が、生来の負けん気のようなものが立ち上がり、「こんなことでいいのか」という思いに駆られたに違いありません。

戦争に負けはしたけれど、魂まで譲り渡した覚えはない。

この一言に尽きます。

それから七十五年。私たちは、いま再びの大変革期にいます。

これまでの価値観が逆転するようなこともあるでしょう。

信じてきたことが、あっけなく崩れてしまうこともあり得ます。

ほんの少し前まで、「勝ち組」「負け組」といった価値観で人やものごとが語られる向きがありましたが、もはや雲を掴むような話になりつつあります。

これからは本当の意味で「自分らしく」がまかり通るようになっていくことでしょう。

世の中の風潮だとか、場合によっては常識でさえも、もはや生きていくうえでの価値観や判断基準にはならない。

そこに頼ってきた人にとっては辛い状況になるでしょうけれど、「本当に自分にとって大切なのは何なのか」ということを明確にできる人にとっては、これまでにないほどの希望を抱けるはずです。

日本人として生まれた私たちは、これまでにも増して日本人らしく、日本人として生まれた自分らしく生きていく。

光明《こうみょう》は、ここにあるのです。

武士の娘の美学　四十六

負けるのは悔しいが、それで終わりではありません

歴史の陰に光あり、影も光にほかならない

あなたならどちらを引き受けますか？

明治維新において、先祖が敗者の側であったということは、私の歴史観にも少なから ぬ影響を及ぼしています。

維新の志士と称される人物の歴史も心を躍らせて学んだものですが、一方で敗者側に対して「負けを引き受けるだけの強さがあったのだ」というのが私自身の見解です。

実際、勝者だけで明治維新を成し遂げ、急激な近代化を成し遂げたとするのであれば、

あまりにも浅はかな歴史認識としかいいようがありません。陰と陽が合わさることによって陰陽紋が成り立つのと同じで、勝者が勝者たり得るには敗者を引き受ける存在が必要なのです。

あなたなら、どちらを引き受けたいですか?

誰も敗者を引き受けたいなど思わないでしょう。

負けを引き受けるには、ともすれば勝者以上の勇気と忍耐、強さが必要なのです。

長いこと私は「なぜ敗者たる先祖の末裔《まつえい》として生まれてきたのだろうか」ということを考えてきました。それはもしかしたら、

「負けは単なる負けではない、負けたからといってすべてが終わるわけでもない、ましてや人間として劣っているということでは決してない」

という見方ができるようになるためだったのかもしれません。

以前、先祖が薩摩藩士の知人と話をした際、勝敗に対する意識の違いをはっきり感じたことがありました。国政に関心を抱き、それなりの活動をしている女性で私より一回りほど年上です。その方が、

「わたくしは敗戦国に生まれたということが出発点になっているから、どうしても云々」ということを仰ったのです。私が「そうなんですか」と返事をすると、「あなたはそうは思いません？」と問われたので、

「私は、まったく思いません。先祖が負けを喫していますが、だからといって卑屈にはなっていませんし、誇りを失ってもいません。そういう境遇ですから、先の大戦でアメリカに負けようと、それはただ武力で負けたにすぎないとしか思っていません。占領政策にしたって、どれほど日本人を骨抜きにしようとも、そんなの小手先の技だとしか受け止めていません。たかだか二百年程度の歴史しかない国が二千年以上もかけてつくられてきた私たち日本民族の魂にまで、斬り込めるわけはありませんでしょう。大和魂は神域ですから」

と、率直に伝えたのです。すると、さすが彼女も薩摩おごじょ、「久しぶりに痛快ですわ！」と、ずいぶん嬉しそうでした。

このようなことを自信を持って言えるのは、浮かばれない立場ながらも日本の近代化に貢献した先人が数限りなく存在するのを知っているからです。まさに枚挙《まいきょ》にいとまが

ありませんが、ひとつだけ、あまり知られていない史実をお話ししましょう。

日光東照宮《にっこうとうしょうぐう》にまつわることです。

慶応四年三月から明治初期にかけて明治政府は神仏分離令を敢行しました。六世紀以来の神仏習合を否定し、渾然《こんぜん》一体となっていた神社と寺院を切り離したのです。目的は西洋諸国がキリスト教を国教としているのに習い神道を国教化するためと、もう一つは徳川幕府の幕政批判でした。

日光東照宮は徳川家康を祀るため三代将軍家光が創建したもので、保全維持費は幕府から官費として出ていましたが、維新後はストップしてしまいます。神仏判然令そのものは廃仏毀釈《はいぶつきしゃく》を命ずるものではありませんでしたが、さまざまな要因から各地で寺院や仏像、宝物の破壊が行われる結果となりました。日光東照宮においても状況は同じで、保全維持費がまったくないこともあり、荒れ果てるまでにはそう時間はかかりませんでした。

その荒れ果てた東照宮に宮司《ぐうじ》として赴任したのが元会津藩主の松平容保《かたもり》公です。明治十三年二月のことでした。会津藩の藩祖・保科正之《ほしなまさゆき》は東照宮を創建した徳川家光の異母兄弟です。それほど深い縁にある日光東照宮の荒廃を前に、容保公がいかに胸を痛めたかしれません。

しかし、容保公だけではありませんでした。地元の有志たちも東照宮をなんとかしたいと願っていたのです。ちょうど容保公が宮司として赴任する前年に「保晃会《ほこう》」を組織したところでした。容保公の宮司就任は、地元有志の意欲を喚起するものだったのでしょう。すぐさま初代会長に容保公を迎え、奉賛活動を始めたのです。

容保公も自ら筆を執り、奉賛を募る書状をしたためました。有志らは地元のみならず全国各地を行脚《あんぎゃ》して奉賛を募りました。資金は次第に集まり、東照宮・二荒山《ふたらさん》神社、輪王寺の二社一寺は、見事に蘇ったのです。

この活動を意気に感じたのが元幕臣の勝海舟でした。明治二十五年、当時七十歳だった勝海舟は、自ら文章を揮毫《きごう》し、巨大な石碑を建立したのです。

平成元年の十月末、私はどうしてもこの石碑が見たくて日光を訪れました。

実をいうと、この時の日光行きは、強行軍も甚《はなは》だしいものでした。というのも、前日に転倒して右足の中指と薬指を骨折してしまったからです。お医者さまに「明日から旅行に出る」と伝えたところ、「動くと腫れますし痛みも酷くなります」とのこと。行かないほうがいいとまでは仰せではなかったので、迷いはあったものの、決行することにしました。何か、どうしても行かねばならない気がしたのです。いま想い出すと不思議なくらいに、突き動かされるものがありました。

日本の伝統を守った人々

そのようなわけで、松葉杖どころかステッキさえもない中で、痛み止めを服用しながら、気力一つで出かけていきました。史跡取材は一人の場合が多いのですが、この時は親しい友人が一緒だったため、本当に助かりました。

時おり小雨が落ちてくる、晩秋の日光山。腕を支えてもらいながら、ふだんの何倍もの時間をかけて歩きました。が、肝心の石碑がなかなか見つかりません。史料館の人に訊いてみたところ、旧史料館の裏手にあるといいます。それから、さらに小一時間ほど歩いたでしょうか。ずいぶん遠い道のりでした。

やがて老朽化した建物が見えてきて、その裏手に歩を進めた時です。木立のむこう、巨大な石碑が見えました。「ついに！」と、はやる気持ちを抑えつつ、足もとに細心の注意を払いながら、一歩、また一歩と進みました。濡れた落ち葉で滑らないよう、私を支えていた友人も、さぞや緊張しただろうと思います。

そうして、やっとの思いで石碑の前に立った時には、感激の涙がほとばしるのを止めることができませんでした。

しかし日光はやや規模が大きいから、欧米の土地を踏んで来た人に見せても、けっして恥ずかしくない。将来きっと繁昌《はんじょう》するだろうよ。土地の人も、繁昌すれば火事の恐れがあると思って、先年数万坪の公園を作ったが、石碑は、その公園のまん中にあるのだ。文も字も皆おれの手際だ。字体は竹添《たけぞえ》〔井々〕などが調べてくれたが、書き馴《な》れぬ字だから、なかなか骨が折れたよ。石は石巻《いしのまき》の産だが、こんな大きな石はけっして他にはないそうだ。特別の汽車で送ったのだが、建立《こんりゅう》までには確かに七千人も人夫を使ったであろうよ。人間の力も集めると大したものさ。（かくて碑面の石摺《いしずり》を示さる。その大きさ十畳の座敷にあふる）（『氷川清話』勝海舟　著／勝部真長　編　角川ソフィア文

庫）

ほんとうに、あきれるような大きさでした。

石碑の前には、容保公が「よくきたね」と、たたずんでおられるように感じられました。その周囲には、巨大な石を運び上げた筋骨隆々の男たちが、自慢げな笑みを浮かべているようです。少し離れたところでは、勝海舟が斜に構えながらも、ふふん、と得意そうな表情を浮かべているようでした。

石碑には長い漢文が綴られていますが、そのごく一部に、このようにあります（読み下し文　著者）

「王政維新、世態一変し、祠宇坊舎、一として荒廃に任せて、其の労をこれに任せるもの無し。苟《いやし》くも、神徳に浴する者及び古今の美術を講ずる者は、袖手傍観するに忍びず。焦心苦慮、其の旧観を全からんと欲し拮据鞅掌《きっきょおうしょう》遂に明治十有二年に至りて、其の緒に就くを得たり、これ保晃の会の由って設くる所なり。是の会一たび唱ふれば、海内響応し、資を献じて以て工を裨《たす》けんと欲する者は踵を接して至り、延《ひ》いては支那、朝鮮、欧米諸国に及ぶ」

奉賛活動は国内どころか、中国や朝鮮、欧米にまで及んでいたのです。明治十二年頃は、日本がついに開国したとあって、黄金の国ジパングを一目見ようとアジアや欧米の有識者や富裕層が訪れていました。外国人たちの中には日本人以上に日本の伝統に価値を見出していた人も少なくなかったため、奉賛活動にも積極的に協力したのでしょう。

神仏分離に続く明治初期から中期に至る極端な欧化政策は、結果的に日本の伝統を否定するような風潮を生み出すことにもなってしまいました。このことは明治天皇も憂慮されたほどです。夥《おびただ》しい数の美術品が流出し、日本の歴史そのものである寺院や一部の神社が荒廃していく状況に対して危機感を抱き、日本の伝統を守るために立ち上がった人々もいました。『茶の本』の著者・岡倉天心《てんしん》（覚三《かくぞう》）は、その代表的な一人です。そして、松平容保公を初代会長とした保晃会もまた、その一つだったのです。

今や日光東照宮は世界遺産に登録されています。多くの日本人が、このことを誇らしく思っているはずです。

けれどもし奉賛活動が行われなかったとしたら、東照宮をはじめ二荒山神社も、そして輪王寺も、朽《く》ち果てていたことでしょう。

私たちは、日本の宝を失っていたかもしれないのです。

こうしたことは「知られざる歴史」とか「影の維新史」として語られるのかもしれません。実際、影といえば影です。

光と影は一体で、光が強ければ強いほど影も濃くなります。ということは、影もその本質は光ということはできるのではないでしょうか。

負けを負けとのみしない、影を影とのみ受け止めない。

負けても心が折れない理由は、ここにあるのかも知れません。折れることがないために、負けて終わりということもないのです。

武士の娘の美学　四十七

国を追われなかったのは幸いでした

敵機が飛び交う中、闘う覚悟で夜空を睨む

逃げも隠れもする気はない

私たちは日本国で生まれ、日本人として育ち、今もこうして暮らしています。このことを、あらためて考える人はほとんどいないでしょう。

けれど当たり前としか思えないことの中には、最も重大なものごとが秘められていることが多々あるのです。

私もかつては何とも思いませんでした。けれど、先の大戦を知るにつけ、一歩まかり

間違えば亡国の民の子どもとして生まれる可能性もあっただろうと思い至るようになりました。それほど昭和の大戦は、とてつもなく大きな危機だったのです。

祖母の手記でも多くのページが割《さ》かれているのが戦争の頃のことです。その一部をご紹介いたします。

まもなく昭和二十年。主人は浜松の方で仕事をしていたので、家にはたまに帰ってくるだけ。私は息子と二人で、この広い家に留守番、夜は雨戸を開き、電気を消して、体には武装をして、縁側にいて空を見上げる。

敵機はひまなく飛んでくる。敵機を見かけて撃ってくる高射砲の音がすさまじい。そのうちに、そちらこちら空が真っ赤になってくる。

いつか怖さを忘れ庭に立ち、方々を見渡す。星空に敵機が飛び回り、高射砲を撃ってくる音がものすごく、そちらこちらと焼夷弾《しょうい》が落ちるので、瞬く間に空が赤くなる。その綺麗なこと、このような風景は二度と見ることはできないであろう。

それから八月十五日ようやく戦争が終わった。天皇陛下の放送を聞いてみんなが泣いた。戦争に負けて悔しかったが、しかし勝ち目のない戦争はいつまでやっても仕方がない。戦争が終わってほっとしたし、まもなく電気もつくようになり、ほんとうに生きた心地がした。(以上　祖母の手記より)

息子というのは私の父のことで、当時十四歳。不思議なのは、激しい空襲にもかかわらず、祖母が庭に出て夜空を睨んでいたことです。

一般的な戦争体験記には、防空壕《ぼうくうごう》に逃げていたとか、雨戸を閉めてお布団をかぶっていた、といった記述が散見されます。実際、多くの人がそのようにして身の安全を図ったのでしょう。

しかし、祖母はどういうわけか、そうはしなかったのです。

「武装して」とありますから、いざとなれば一戦交える気でいたのでしょう。いったいどんな武装だったのか。無駄と承知で長刀《なぎなた》などを携えていたのかもしれません。

ひっきりなしに飛来する敵機とバラバラと撒かれては落ちてくる焼夷弾、なんとか敵機を打ち落とそうとする高射砲。耳をつんざくような爆音しか聞こえず、夜空は赤々と燃えている……。

息子ともども死ぬかもしれない状況の中、怖さも忘れ、綺麗だとさえ感じた祖母は、武士の娘どころか、まるで古武士のようです。

もはや生きるも死ぬもなかったのでしょう。長男は戦死し、家族はバラバラになり、この国のゆくえさえもわからない。決して自暴自棄になったわけではなく、どうなるのかはすべて天にお任せして、せめて逃げも隠れもせず堂々としていたいと考えたのかもしれません。いいえ、考えるよりも先に行動がそうなっていたのです。

けれど、戦争は終わり、日本は負けました。「仕方ない」という言葉は、自分に向けられたものでありましょう。理不尽としか思えないこと、整理をつけようにもつけられないことに対して、それでも折り合いをつけるため力ずくで自分を納得させなければならないことがあるものです。

そうでなければ、前に進んでいくことができない。

これは、祖母のみならず、すべての人々の心情だったにちがいありません。誰もが歯を食いしばりながら、生きていくために煮《に》え湯を飲んだのです。

戦争直後は少なからぬ人が国を奪われるものと思っていたようです。祖父母にしてみれば明治維新により両親の代で国を失い、今度は大東亜戦争により失うのか、という気分だったろうと思います。

ところがそうはなりませんでした。

日本は負けたにもかかわらず、国を奪われもしなければ、民族の粛清も免れました。世界戦史の観点からすれば奇蹟としかいいようがありません。世界史の七不思議として、後世まで語り継がれてもいいほどのことです。

世界に賞賛された日本の奇蹟

なぜこのような奇蹟が起きたのでしょうか。

まず第一に、最前線に送られた名もなき将兵たちが、武器弾薬はおろか食糧も水もないという極めて過酷な状況の中、身命を捧げて戦い抜いたことにあるでしょう。餓死や病死で亡くなった人が六割強ともいわれます。華々しく戦闘によって死ぬならまだしも、飢餓《きが》や病苦の中で息を引き取っていかざるをえなかったのです。

それでも黙って運命を受け容れたのは、ひとえに愛する家族のためであり、懐かしい故郷を守るためにほかなりません。「皇国のため」とか「天皇陛下万歳」という言葉は、その熱い想いが置き換えられたものなのです。

天皇陛下とは祖国の象徴であり、その祖国とは父や母、きょうだい、妻、子どもたちといった、最も大切な人たちが暮らすところです。

当時、「命は鴻毛《こうもう》より軽し」と言い習わされました。このあり方のもとで、死なずともよい人たちが儚く消えていきました。その無念さは、現代に生きる私たちがいくら想像したところで、決してわかり得ないでしょう。

露《つゆ》と消えた名もなき将兵の心を理解しようと最も努めた御方、わずかなりとも寄り添おうとされたのが昭和天皇であらせられました。ですから昭和天皇は、自分の命に代えても国民を守る覚悟でマッカーサー元帥との会談に臨まれたのです。

みずから自分の命を差し出すと申し出た「帝王」に、マッカーサーは度肝を抜かれました。彼の知る限り、王というものは、国民が粛清《しゅくせい》されても自分だけは助けてほしいとさえ願い出てくるものだったからでしょう。昭和天皇の姿に、マッカーサーは次のような言葉を残しています。

「私は大きい感動にゆすぶられた。死をともなうほどの責任、それも私の知り尽している諸事実に照らして、明らかに天皇に帰すべきではない責任を引受けようとする、この勇気に満ちた態度は、私の骨の髄までもゆり動かした。私はその瞬間、私の前にいる天皇が、個人の資格においても日本の最上の紳士であることを感じとったのである」（『マッカーサー大戦回顧録』ダグラス・マッカーサー　著／津島一夫　訳　中公文庫）

戦後、日本は、これもまた世界の奇蹟として賞賛されるほどの復興を成し遂げました。その復興を牽引《けんいん》した人々の中には、復員兵が少なくありません。目の前で多くの戦友がバタバタと倒れていく過酷な戦場体験をした人たちが、「死んだ仲間のことを思えば」という想いひとつで、日本を立て直してきたのです。

このようなわが国の歩んできた道のりを思う時、私はこの極東の小さな島国に、日本人としてのＤＮＡを受け継ぎ、和らぎという民族精神を魂に抱きながら生まれ落ちたことが、広大な砂漠の砂を一粒拾うがごとき希有なことに思われてくるのです。

私たちの国、日本。

雄々しい山々と、人々が長年かけてつくりあげた里は水と緑に彩られ、それらは季節ごとにえもいわれぬ美しい表情を見せてくれる。

桜の開花がニュースになる国。

遥か昔に創建された社寺が遺蹟《いせき》になることなく、今も人々に親しまれ、尊い儀式が受け継がれている国。

何もかもが愛おしくなります。

この国の歴史を学び、かつて生きた人々に思いを馳せることは、揺るぎない自信と確固たる民族の誇りを育みます。

これこそが自分の軸であり、人間としての芯といえるものではないでしょうか。

品格とは、軸や芯なくしては備わりようのないものなのです。

武士の娘の美学　四十八

大事なものは、いつも身近にあるものですよ

祖国の歴史を知ることは潜在的な誇りとなる

それぞれの時代の風がある

日本は明治維新と第二次世界大戦という、二度の「西洋ショック」を受けました。それにより、江戸時代までの日本人と明治以降の日本人、そして戦前生まれと戦後生まれとの間に隔たりができてしまったのも事実です。

特に第二次世界大戦を挟んで、同じ日本人であっても、その意識に大きな違いがあることは否めません。それは世代間ギャップといったものではなく、もっと深い隔たりで

す。以前、大戦末期に夜間奇襲攻撃で終戦まで戦い抜いた芙蓉部隊の最年少飛行士だった坪井晴隆さんという方から、戦争体験についてさまざまなお話を伺ったのですが、その際、「戦後生まれの日本人は、まるで自分たちとは人種が違うみたいだ」と仰ったことが強く印象に残りました。

ＧＨＱによる占領政策の一環として、自国の歴史を否定する教育が行われた結果、民族の誇りが損なわれていったのは確かなことでしょう。祖国に誇りを持てるような教育が行われていた大正時代までの人々とは、「人種が違う」レベルの意識の違いが生じても致し方なかったと思います。

ただ、私としては、もはやそういった一種の犯人捜し・原因探しのようなことを終える時が来ていると考えています。

日本人は衣食住に文化や娯楽まで、米国からもたらされるあらゆるものを喜んで受け容れたのです。それが知らず知らずのうちに、それまで培われた日本人らしさを失わしめるとはまったく思いもよらず、進んで染まっていきました。そうした中で経済発展も成し遂げ、大半の人が「自分は中流だ」という意識を持つまでになったのです。

「日本人は、日本人らしくしていればいい」

祖母は心中、歯がゆく悔しい想いを抱いていたのでしょう。

けれど、祖母は自分らしいあり方を貫く一方で、そうした時代の変化を否定も肯定もしませんでした。

「いろんな時代があるからね」

明治、大正、昭和と、それぞれに大きな時代の動きがある中を懸命に生き抜く中で、結局のところは、何が良いとか悪いとかいうことではなく、ただそれぞれの時代の風があるのだということを心静かに受け止めたのでしょう。

これから歴史を学ぶ人にお伝えしたいこと

今年で戦後七十五年となります。この十年ほどは日本の歴史を見直そうとする動きが活発化しています。そうした中、歴史を語るうえで、しばしばイデオロギーに傾いているることに気づきます。戦後の歴史教育が日本否定に傾いていたために、今度はあらゆることを肯定するかのような歴史認識が散見されるのです。

これは自分自身の主義主張の裏付けのために歴史を利用するようなあり方で、そうである以上、真理を掴むことは無理でしょう。

イデオロギーは一種の「私」であり、真理は「私」を捨て去らねば見えないからです。

これから歴史を学ぼうとする人に私がお伝えしたいのは、両親や祖父母、あるいは地域のお年を召した方など、身近な人から話を聴いてみてほしい、ということです。歴史の本を通じて学ぶ一方で、こうした「生きた歴史」に触れていただきたいのです。

民族の心や魂、誇りといったものは、もともとは人から人へ語り継がれる中で培われてきました。これを「口伝《くでん》」といったり「伝承」といったりします。

民俗学者の宮本常一《つねいち》は、日本中を歩き回り、古老から話を聴いては筆記し、それを書物にまとめました。そこには、ありきたりの歴史書からはうかがい知れない人々の姿が浮き彫りにされています。生々しい記録に触れると、さまざまな時代を生きた人々がいて、自分は今、その先端にいるのだ、という事実が真に迫ってきます。それはまるでモノクロの映画が極彩色《ごくさいしょく》になったかのようなイキイキとした感じです。

人と直に接するのが憚られるような状況の時は、地元をくまなく歩くといいでしょう。

必ず史跡が見つかります。特に石を見るようにしてください。石に刻まれた文字を読んで、それを手引きにインターネットで検索してみると、思いがけない発見があるかもしれません。

自分の身近なところから直に歴史に触れていくことは、単なる学問として歴史を学ぶより、遥かに潜在的な誇りを育むことに繋がっていくものです。

武士の娘の美学　四十九

いつまでも幸せでいてほしいと祈るばかり

祈りの中で生まれ、祈りの中で生かされている

誰もが祈りの中で生かされている

これから世界はどんなふうになっていくのか、経済的なことや国際情勢、あるいは自然環境についてなど、さまざまな観点から推測や予測がされています。

ある程度の予測はできるかもしれませんが、それでもやはり予測は予測でしかないでしょう。かくいう私は、予測できないことが起きるとさえ思って覚悟しています。

大地震が来る（かもしれない）、食糧危機が来る（かもしれない）、大三次世界大戦が

起こる（かもしれない）、資本主義経済が崩壊する（かもしれない）などなど、実にいろんなことが言われており、まるで希望が持てそうにもない状況ですが、心配するより、「どんなことも起こりうる」と覚悟してしまったほうが落ち着いていられるものです。

最後には祈るしかない、とも思っています。

祈りについては第一章で触れたとおりですが、ここではもう少し踏み込んで、私たちは誰もが祈りの中で生かされている、ということについてお伝えしましょう。

歴史とは、言い換えれば人々が生きた証《あかし》です。すべての出来事は人が関係しています。疫病にせよ自然災害にせよ、それをどのように受け止め、どんなふうにして生き抜いていったのか、人々のあり方が紡ぎ出したもの、それが歴史です。民族の誇りも、そうしたところからうかがい知ることができます。

あたかも時空を超えて旅をするかのように歴史を学び、史跡を訪ね歩く中で、ある時、はっきりと気づいたことがありました。それは、どの時代の人々も、ほとんどまったくといっていいほど同じ祈りを捧げてきた、ということです。

たとえば縄文時代であっても、平安時代、あるいは江戸時代でも、誰もが大切な人の無事と幸福を祈ってきたにちがいありません。

祖母は手記の終わりのほうで、子どもたちや孫の心配をして、「とにかく、いつまでもいつまでもみなが幸せでいて欲しいと祈るばかり」と綴っています。人生のドラマは一人一人異なっていても、最後に辿り着くのは、こうした同じ願いであり祈りなのです。

当たり前と言われればそれまでですが、この事実に私は深く感動し、それまで想いが至っていなかったことを詫びるような気持ちになりました。

祈りは宝そのもの

以前、新渡戸稲造が『自警録《じけいろく》』で「人も知らず、我れ自身も知らないでいる恩がたくさんある」「かくのごとき恵みが人生の中に数限りなくあることを常に記憶に存《そん》しておきたい」と述べているのを、一体何のことなのか、まったく理解できずに考えあぐねたことがありました。その答えを、連綿《れんめん》と続いてきた祈りの中に見出したように思われたのです。

たとえば「子どもが無事であるように」と祈る時、「こうして両親も祈ってくれたのだ」ということが想像できます。両親もまた、その親から同じように祈ってもらっていました。さらにまたその親も……と考えていくと、先祖代々、同じ祈りを捧げてきたことに気づかされます。まるで「祈りのリレー」です。

私たちは、祈りの中で生まれ、祈りの中で生きて生かされ、最後には祈りの中で人生の幕をおろすのです。

それだけではありません。私たちは、まったく血の繋がりのない先人の祈りも受けているのです。先の大戦において戦死した英霊は、残した家族の無事と共に、日本が護られ栄えることを切望しました。それを思えば、戦後の日本は三百十万人にも及ぶ戦没者の祈りの中で再生され、私たちもその中で生まれたことになります。

また、日本の天皇が他国の王とまったく異なる点は、その役目の最たるものが祈りを捧げることにあります。日本の歴史は、天皇の祈りの中で刻まれてきたのです。

こうして観ていくと、私たちは途方もない祈りの中で生まれ、今この時代を生きていることがわかってきます。

このような国民が、地球上の他の国に存在するでしょうか。まさに、「人も知らず我も知らずにいるご恩」であり、人生の恵みに他なりません。

祈りは大切なものですが、特別なことではないのです。祈りを捧げることは当たり前の行為なのです。

当たり前の中にこそ、得がたい宝があることを思えば、祈りは宝そのものであることがわかります。

武士の娘の美学　五十

大変なこともあったけれど、おかげさまで幸せです

日本の美徳が世界のスタンダードになる日

「幸せです」と宣言する

いろいろと苦労もあったが、今ではおかげさまにて幸せになりました。

何とも素朴という他ないこの一文で、祖母の手記は締めくくられています。これが本当に、戦争末期に武装して敵機が飛び交う夜空を睨《にら》んでいたのと同一人物なのかと、少しおかしいような気になってしまいます。

この飾り気のない姿に、私はしみじみと慕わしい感じを覚えると同時に、あらためて

品格の何たるかを教えられるような思いがするのです。

まず、決して近寄りがたい様子ではないということ。

一見、そんなふうに思われたとしても、少し近づきになれば、ホッとするような親しみやすさを感じることができる。誰に対しても穏やかで、包み込むような優しさを示すことができるのは、ごく自然な自分に対する自信と、他者に対する慈しみがあるからでしょう。

ふだんはそんなふうに優しい様子をしていても、ひとたび事が起きれば、まるで人が変わったように勇敢になる。慌てることも騒ぐこともなく、ぐっと肝を据え、必ず切り抜けていく気概を見せることができる人は、周りの人々をも安心させるでしょう。

まさに、和魂と荒魂という両義性を兼ね備えた姿です。

そして、もうひとつ。

激動としかいいようのない人生であったにもかかわらず、愚痴ひとつなく、すべてを水に流したうえで、みずから「幸せです」と宣言しています。「おかげさまで」と、すべてに対する感謝が自然に出てくるところは、まさに日本人です。

「愚痴や不満は埃と同じで、言い出したらきりがない」と断じたのは白洲正子でした。私の知る限り、明治の女性は大半が同じように文句のひとつも言わなかったようです。それは単に辛抱強いとか、我慢ばかりさせられているといったことではないのです。愚痴も不満も、そして文句にしても、言ったところで何も生み出さないどころか、うっかり相手の気分を害したり、あるいは自分自身が惨《みじ》めになってしまいかねないからでしょう。事態の解決にもならず、むしろややこしくしてしまうかもしれないようなことを、あえてせずともよいのです。

祖母が教えてくれなかった秘訣

このようなあり方が今でも少なからず受け継がれているために、海外の人からは「日本人は感情を表に出すのが苦手だ」と受け取られるようですが、私は大いなる美徳だと思っています。

感情を爆発させ事態を悪化させるようなことがない穏やかな民族性は、現今の大混乱を経て、いずれは世界のスタンダードになる、そんな日がおとずれるかもしれません。

これは大げさなことでも、ありえないことでもないと思っています。

すでに日本流のマスクが、数カ月から半年程度で、もののみごとに世界に広まっているではありませんか。握手や抱擁《ほうよう》などを避けて、一定の距離を置くこと、つまり「間」も、今後ますます広まっていくでしょう。

日本のあり方が世界に役立てられる時、国家を挙げて自己否定した過去はようやく癒やされるのかもしれません。そして、世界屈指の長寿国として、やさしく穏やかに、和らぎの心を以て、世界を牽引していくことになるでしょう。

先のことを思う時は、心配事ではなく、そんな楽しい想像をしたいものです。

希望に満ちた未来を想像しながらも、

「今日を最後と生きるのですよ」

この心を忘れずに。

そうして一日一日を重ねていくことにより、日々すこしずつ、私たちの品格は磨かれていくことでしょう。

最後に、祖母が教えてくれなかった秘訣をお伝えします。

おかげさまで幸せです。

これは、毎日、言っていい言葉です。むしろ宣言だと思って、その日がどんな一日であろうとも、心から言いましょう。

「おかげさまで幸せです」

大丈夫、必ず言葉通りになっていきます。

結び・新たな時代の始まりに

真実の対話は、死に別れたその瞬間に始まる。

奈良・薬師寺の高田好胤元管主さまのお言葉です。

祖母と死に別れたのは十二歳の頃でしたが、なるほど対話は、今のほうが行われているような気がします。

祖母のみならず、父や母とも、今のほうがずっとずっと語り合っています。父を五年前になくし、母のことは昨年見送りました。

「こんな時、祖母は（あるいは父は、あるいは母は）何と言うだろうか？」

そう思った時には必ず、まるですぐそばにいるかのように、それらしい言葉が浮かんできます。浮かぶというより、降りてくる、という感覚です。

そうして得た言葉は、妙にしっくりとして、まるで乾いた土にひたひたと水が染み渡るように、心の中へと拡がっていくのです。

「真実の教えは、死に別れたその瞬間に始まる」

そんなことも、言えるのかもしれません。

『女子の武士道』『女子の教養』に続く、武士の娘だった祖母の教えとして、本書を執筆させていただきました。

『女子の武士道』の「はじめに」では、

いま、私たちは時代の節目を生きているのかも知れない。

この時代を生きていくためには、相当の覚悟が必要ではないでしょうか。歴史の大きな節目、激動の時代に生を受けたということは、否応なしに逆境を経験することになるでしょう。

このように綴っています。

それから五年。まさに、歴史の大きな節目が本番を迎えたのです。

私の意識も大きく変わりました。

一言でいえば、「スイッチが入った」という言葉がぴったりです。

前作までは、あくまで「武士の娘だった祖母の教え」でした。

それが今回は、祖母の教えであると同時に、武士の娘として覚醒した（武士の娘のスイッチが入った）私自身の指針としてお伝えしています。

「武士の娘の美学」としたのは、そのためです。


本書のひとつひとつの美学、ひとことひとことを、心からの祈りと願いを刻みつけるような想いで綴りました。

それが行間から溢れ出て、みなさまの心に響き渡り、魂を震わせ、大きなエネルギーとなりますように。

勇敢に、そして軽やかに、かつてない時代の荒波を乗り越えながら、光と希望に満ちた世界へと到達できますように。

本書がみなさまと共に歩む、お守りのようなものとなりましたなら、私はもう、感謝の言葉もありません。

これからの世界のために、まずはあなたが幸せになってください。
あなたの幸せが、世界を照らすのです。

さあ、これから新たな時代を迎えるにあたって、この世界がどんな変貌を遂げていくのか、とくと拝見しようではありませんか。

最後までお読みくださいましたこと、心よりお礼申し上げます。
もはや光しかないと希望に胸を膨らませながら、筆をおくこといたします。

令和二年夏　ひぐらしの声を聴きながら

石川　真理子

【参考文献】

『武士道』新渡戸稲造　著／岬龍一郎　訳　PHP文庫
『幸田文　しつけ帖』幸田文　著／青木玉　編　平凡社
『おてんば歳時記』尾崎佐永子　講談社文庫
『茶の本』岡倉覚三　著／村岡博　訳　岩波文庫
『工芸の道　新装・柳宗悦選集1』日本民芸協会　編　春秋社
『武士の娘』杉本鉞子　著／大岩美代　訳　ちくま文庫
『愛語』山田無文　著　禅文化研究所
『坐る』西村惠信　著　禅文化研究所
『氷川清話』勝海舟　著／勝部真長　編　角川ソフィア文庫
『マッカーサー大戦回顧録』ダグラス・マッカーサー　著／津島一夫　訳　中公文庫
『心　いかに生きたらいいか』高田好胤　著　徳間書店
『後生大事に――父 高田好胤のおしえ』髙田都耶子　著　芸術新潮社
『聖徳太子　地球志向的視点から』中村元　著　東京書籍
『聖徳太子と憲法十七条』花山信勝　著　大蔵出版
『明恵上人伝記』平泉洸　著　講談社学術文庫
『明恵上人集』明恵　著／久保田淳・山口明穂　編　岩波文庫
『明恵上人』白洲正子　講談社文芸文庫
『美しく生きる言葉』中原淳一　著　イースト・プレス
『自警録』新渡戸稲造　著　講談社学術文庫
『日光近代学事始』栃木県歴史文化研究会近代日光史セミナー　編　ずいそうしゃ新書
『神々の明治維新』安丸良夫　著　岩波新書
『国家神道と日本人』島薗進　著　岩波新書
『神道とは何か　神と仏の日本史』伊藤聡　著　中公新書
『仏教抹殺　なぜ明治維新は寺院を破壊したのか』鵜飼秀徳　著　文春新書
『天皇の歴史9　天皇と宗教』小倉慈司・山口輝臣　著　講談社学術文庫
『韋駄天夫人』白洲正子　著　平凡社
『仕事で活かす武士道　北条重時の家訓48』石川真理子　著　内外出版社

〈著者略歴〉
石川　真理子（いしかわ・まりこ）
昭和41年東京都生まれ。12歳まで米沢藩士の末裔である祖母中心の家で育ち、武家に伝わる薫陶を受ける。文化女子大学（現・文化学園大学）卒業。大手出版社の編集プロダクション勤務を経て、作家として独立。著書に『女子の武士道』『女子の教養』『活学新書　勝海舟修養訓』『武士の子育て』（いずれも致知出版社）『仕事で活かす武士道』『五月の蛍』（ともに内外出版社）『乙女の心得』（グッドタイムブックス）などがある。

女子の品格

令和二年九月十五日第一刷発行

著　者　石川　真理子
発行者　藤尾　秀昭
発行所　致知出版社
〒150-0001東京都渋谷区神宮前四の二十四の九
TEL（〇三）三七九六―二一一一
印刷・製本　中央精版印刷

ISBN978-4-8009-1240-4 C0095
ホームページ　https://www.chichi.co.jp
Eメール　books@chichi.co.jp